学思书系·教育随笔系列

发现数学之美

FAXIAN SHUXUE ZHI MEI

张安军/著

东北师范大学出版社

长　春

图书在版编目(CIP)数据

发现数学之美/张安军著. —长春:东北师范大学出版
社,2013.5
ISBN 978 - 7 - 5602 - 8983 - 0

I.①发… II.①张… III.①中学数学课 - 初中 - 课
外读物 IV.①G634.603

中国版本图书馆 CIP 数据核字(2013)第 098306 号

□责任编辑:王宏志 曲 颖 □封面设计:张 然
□责任校对:孔垂阳 刘 昆 □责任印制:刘兆辉

东北师范大学出版社出版发行
长春净月经济开发区金宝街 118 号(邮政编码:130117)
网址:http://www.nenup.com
东师大出版社旗舰店:http://nenup.taobao.com
读者服务部:0431-84568069 0431-84568213
电子函件:sdcbs@mail.jl.cn
东北师范大学出版社激光照排中心制版
北京柯蓝博泰印务有限公司印装
2013 年 5 月第 1 版 2019 年 5 月第 2 次印刷
幅面尺寸:169 mm×239 mm 印张:12 字数:210 千

定价:30.00 元

序　言

　　当下我国的数学教育亦喜亦忧，喜的是国际奥数和 PISA 成绩居世界前列，忧的是受传统文化影响，功利性价值取向突出，利益意识强化。数学让学生感到枯燥，数学给人以冰冷和严肃的面孔，如同冰箱，缺少热度。转而联想 CCTV10 百家讲坛系列讲座，深受广大群众喜爱，把古代经典文化讲解得通俗易懂、深入浅出又雅俗共赏。文化似水，文而化之，春风化雨滋润人们的心田，把文化的特性演绎得淋漓尽致。数学也是一种文化，正如著名数学家朱梧槚所言："数学有两种品格，一是工具品格，二是文化品格。对于那些当年接受过立足于数学之文化品格数学训练的学生来说，当他们后来真正成为哲学大师、著名律师或运筹帷幄的将帅时，可能早已把学生时代所学到的那些非实用性的数学知识忘得一干二净了。但那种铭刻于头脑中的数学精神和数学文化理念，会长期地在他们的事业中发挥重要作用。也就是说，他们当年所受到的数学训练，一直会在他们的生存方式和思维方式中潜在地起着根本性的作用，并且受用终身。这就是数学之文化品格、文化理念与文化素质原则之深远意义和至高的价值所在。"

　　当前的教育，让学生感觉不到数学的可爱，数学给人以冰冷和严肃的面孔，过量的数学教学活动和过多的作业，还有试卷中有太多的重复，机械地训练目的是提高解题的速度，好像是数学的考试比的是熟练，谁在单位时间内做得又快又准确，谁就学得最好。"当曾经感受着数学的阳光沐浴的孩子被无谓的难题、偏题和怪题所恐吓的时候，天真的好奇心和求知欲就伴随着噩梦的来临而消失在漫漫的黑夜里，更不用说多少青春年华被消耗在无谓的竞争和莫名其妙的好胜心当中。"学生在毕业之后，对数学知识和数学课堂能有留下多少美好的回忆呢？或者是深刻的思想、或者是凝练的公式、或者是精妙的推理、或者是美妙的图形、或者是奇特的数字、或者是有用的模式和有趣的图表。但实际情况远非如此乐观，某些非官方的调查显示，数学是学生在学校里最厌恶的学科之一，为什么要让孩子们总是愉快地回想起在篮球场上的嬉戏打闹或是在音乐课上的引吭高歌，而对数学老师厚厚的眼镜片和似乎永远也做不完的数学题皱起眉头呢？

　　教师的手头有的都是有关解题参考书，学生对数学的认识仅停留在解题的层面，停留在试卷分数层面。向学生传授学习经验第一招是做题，第二招是做题，第三招还是做题。以熟练为取胜之道，强化训练出来的竞赛获奖者，往往并不能成为出色的研究者，他们更像优秀运动员，而不大像数学家。小学生在一次次数学测试中，不停地丧失数学学习的信心。从不喜欢数学到害怕数学，再到对数学避而远之。基于以上数学教育中的现状，树立正确的数学观，认识数学的真实形象，是数学教学责无旁贷的任务。由于应试和功利的影响使学生陷入茫茫题海战术中，学生很难体会到数学的另一面，教师力求还原数学本来的、生动活泼的形象，数学家为追求真理上下求索的火热的思考和曾经狂热、激动的不眠之夜，由此，数学课堂中教师的任务是把静态的、学术形态的"数学文化"转化为动态的、教育形态的文化，把"冰冷的美丽"变为"火热的思考"，从而帮助学生对数学产生兴趣和好奇，激发数学学习的热情，让数学变得亲近、可爱。

目　　录

第四章　严谨的数学——代数学中的答案和困惑

第一章

美丽的数学——发现数学中的美

"有理数" 蕴含数学之美

"有理数"（ration number），非有道理的数，乃可比之数，也是古希腊毕达哥拉斯学派的遗风，毕氏学派倡导"万物皆数"，世界万物的本源来自于"数"，数是世界万物最本质的东西，把世界万物的多样性统一成"一"，这个"一"就是"数"，这个"数"指的是整数或可化为整数之比的数。现在所学习的"有理数"，不同于当初的可比之数。数系的发展从自然数到分数，再从分数超越逻辑的障碍到负数，经历了一个漫长而曲折的历程，看似平静的背后却有着火热的思想。在学习"有理数"一章时，或许你被有理数的运算弄得晕头转向，很难觉察它蕴含的数学之美。那么，有理数一章蕴含着哪些丰富的数学之美呢？

1. 简洁之美

著名数学家丘成桐谈到数学的简洁之美，数学的文采表现为简洁，寥寥数语便能道出不同现象的法则，甚至在自然界中发挥作用，这就是数学优雅美丽的地方。陈省身先生创作的陈氏类，文采斐然，令人赞叹，它在扭曲的空间中成为物理学界求量子化的主要工具。可谓是描述大自然美丽的诗篇，正如陶渊明"采菊东篱下，悠然见南山"的意境。

在有理数一章中如何表示 4 个 $\left(-\dfrac{2}{3}\right)$ 相乘或 n 个 a 相乘呢？为了简洁地表示这特别的乘法，引进了"乘方"。如 $\left(-\dfrac{2}{3}\right)\left(-\dfrac{2}{3}\right)\left(-\dfrac{2}{3}\right)\left(-\dfrac{2}{3}\right)=\left(-\dfrac{2}{3}\right)^{4}$，$(a)^{n}=\underbrace{aaa\cdots a}_{n}$。

为了表示大数和微小的数，数学上采取科学记数法。例如，光的速度约为 300000000 米/秒，可表示为 3.0×10^{8} 米/秒。采取科学记数法表示显得简洁、明了。

在有理数的加减混合运算中，如：$(-17)-\left(-2\dfrac{3}{4}\right)+(-8)-(+7.75)+(+17)=-17+2\dfrac{3}{4}-8-7.75+17$。等式左边形式繁琐，书写

也不方便，体会不到运算符号和性质符号的相互统一性，因此通常省略运算符号"＋"和"（　　）"。等式右边显得简洁，也能体会到运算符号和性质符号的相互统一性。深入浅出、言简意赅是文学的追求，也是数学的追求。

2. 负数——感受不同文化传统下的思维之美

从历史发展看，我国古代著名数学专著《九章算术》（成书于公元 1 世纪）中的"方程"一章，在世界数学史上首次正式引入负数及其加减运算法则："正负数曰：同名相除，异名相益，正无入负之，负无入正之；其异名相除，同名相益；正无入正之，负无入负之。"这里的名就是"号"，"除"就是"减"，"相益""相除"就是两数的绝对值"相加""相减"，"无"就是"零"。用现在的话说就是"正负数的加减法则是：同符号两数相减等于其绝对值相减，异号两数相减等于其绝对值相加。零加正数等于正数，零加负数等于负数。"

这段关于正负数运算法则的叙述完全正确，与现在的法则一致，负数的引入是我国数学家杰出的贡献之一，书中涉及不同颜色的算筹（小棍形状的记载工具）表示正负数的习惯一直保留到现在。

负数通过阿拉伯人的著作传到欧洲，西方数学家对负数的认识经历了一个漫长而曲折的过程。"15 世纪的丘凯和 16 世纪的斯蒂费尔都把负数说成荒谬的数，卡丹给出了方程的负根，但认为是不可能的解，仅仅是一些记号，他把负数的根称为虚根，把正根称为真实的，韦达则全然摒弃负数。帕斯卡则认为从 0 中减去 4 纯粹是胡说八道，他在《思想录》中说道：'了解那些不能明白为什么从零中取出后还剩零的人。'大多数学家并不承认它们是数，即使承认了也并不认为它们是方程的根。一直到 19 世纪 30 年代著名的英国代数学家摩根还强调负数与虚数一样都是虚根，他还举了一个例子解释他的观点：父亲 56 岁，他的儿子 29 岁，问：什么时候父亲的岁数将是儿子的岁数的 2 倍？为解这个问题列出方程：$56+x=2(29+x)$（这里的 x 是指过了 x 年后，父亲的岁数将是儿子的 2 倍），解得 $x=-2$。因此他说，这个结果是荒谬的数。"①

总而言之，在 17 世纪前，并没有许多数学家心安理得地使用或者承认负数，更谈不上承认它们作为方程的真实的根。

---

① ［美］M. 克莱因. 数学：确定性的丧失. 李宏魁，译. 长沙：湖南科学技术出版社，2007.

历史事实表明，中国古代的数学中，"负数常常在代数方程的求解过程中产生，由于中国古代算学高度发达，中国传统关注的数量计算对数的本质并没有太大的兴趣，负数是人类第一次越过正数域的范围。以前的种种经验，在负数面前全然无用，在数系发展的历史进程中，现实经验有时不仅无用，反而会成为一种阻碍。我们将会看到，负数并不是唯一的例子"①。

著名数学史家 M. 克莱因认为，欧洲数学家不能很好地接受负数，只是因为人们接受整数和小数的性质时，其基础自然是经验。当在数字中增添新型的数时，建立在经验基础上并已为人们接受的正整数和小数的运算法则就被用在这些新数上，并以几何思想作为得心应手的指导，这样负数就缺乏正数所具有的直观性和物理意义。其次，数系和几何的发展形成鲜明的对比。几何学是公元前 300 年用演绎的方法建立起来的，后面我们将看到几何中的几个瑕疵也易于纠正。但算术与代数怎么也找不到逻辑的基础，这样看来，缺少逻辑基础，没有几何意义，其运算规律也非常奇怪，势必会困扰所有的数学家。

综合上述的数学史，我们既要实事求是地认识到古代中国数学的长处，由于算法的高度发达和筹算机械化的特点而有创造性地引入"负数"这一概念，同时也认识到西方数学文化的长处。善于究根问底的西方数学家，继承了希腊人对几何学演绎公理化思想却无法迈过这一道坎，正因为西方人的这种长处，才把数系和代数学建立在可靠逻辑的基础上。

3. 闪烁着的数学思想之美

数学思想是数学海洋中美丽的珍珠，穿越数学的历史长河，依然闪闪发光。有理数一章中的数学思想有数形结合思想、化归思想、分类思想等。

3.1　数形结合思想

"数缺形，少直观；形缺数，难入微"是华罗庚对数形结合思想深刻、透彻的诠释。在有理数一章中，数和直线本来风马牛不相及，是两个不同的对象，但是当数和直线（即数轴）上的点建立起对应关系时，这两者就变成了同一个对象，两件事变成了同一件事，抽象的数就有了形象的直观。相当于从一个人的后脑看这个人，你看不到这个鲜活的形象，但若从正面看这个人，则非常形象直观。数轴把数分单元有序地排列在一条直线上，数在现实

---

① 纪志刚. 从记数法到复数域：数系理论的历史发展. 上海交通大学学报：社会科学学报，2007.

世界找不到，也看不见，但是在数轴上能找到点的形象。数轴是数形结合思想最好的模型，有了数轴这一模型，无形的数、抽象的概念，在数轴上显现为一个点，一个点代表一个数，数轴是数学思想的外化和比喻。有了数轴模型，相反数的概念就可以赋予形的解释，即分布在原点两旁且到原点的距离相等的两个点。当然，零的相反数是零（原点本身）。借助这一模型得到有理数的大小比较法则——"右边的数总比左边的数大"。绝对值的几何意义在数轴上找到了很好的解释，所谓求一个数的绝对值，就是在数轴上该数所代表的点到原点的距离。如：求 $|x+1|+|x-2|+\left|x-\dfrac{1}{2}\right|$ 的最小值。

在数轴上描出 -1，2，$\dfrac{1}{2}$，求出数 x 所在的点到这三个数所在的点距离最小。在数轴上很容易知道，当 $x=\dfrac{1}{2}$ 时，最小值为 3。

3.2 化归思想

化归思想能够帮助我们把陌生的问题化归为熟悉的问题，把复杂的问题化归为简单的问题，把抽象的问题化归为具体的问题，把疑难的问题化归为易解的问题。那么，什么是化归思想呢？匈牙利女数学家罗莎在其《无穷的玩艺》中有一个精彩的比喻：摆在你面前的有水龙头、水壶、煤气灶和火柴。任务是烧开水，你将怎么办？答案是打开水龙头，把水壶注满水并放到煤气灶上，然后划着火柴点燃煤气灶烧开即可。罗莎又提出：如果水壶里已注满了水你又将怎么办？一般人的回答是把水壶放到煤气灶上，然后划着火柴点燃煤气灶烧开即可。可数学家的回答是，把水壶里的水倒掉，并声称自己把这一问题化归为最初提出的问题。在有理数这一章中有很多化归思想，如：

$$17+(-32)$$
$$=-(|-32|-|17|)$$
$$=-(32-17)$$
$$=-25$$

$$\left(-\dfrac{3}{2}\right)\times(-0.52)\times\left(+\dfrac{2}{3}\right)\times(-100)$$
$$=-\left(\left|-\dfrac{3}{2}\right|\times|-0.52|\times\left|+\dfrac{2}{3}\right|\times|-100|\right)$$
$$=-\left(\dfrac{3}{2}\times0.52\times\dfrac{2}{3}\times100\right)$$
$$=-52$$

从上面的计算可以看到，计算的第一步，括号的前面是符号判别，括号里面通过绝对值转化为我们熟悉的四则运算，说得具体一点，括号前面的符号判别是陌生的，至于括号里的计算是旧的、熟悉的内容，同样，有理数的减法和除法都可以化归为小学学过的运算。所以，有理数的运算法则通过化归可以转化为熟悉的四则运算。

3.3　分类思想

"物以类聚，人以群分"是分类思想的一种反映，数学中的分类思想依据数学研究对象本质属性的相同点和差异点，将数学对象分为不同种类的思想。在有理数一章中有许多分类思想，如：有理数可分成正数、零、负数。由于分类标准不一样，有理数也可以分成整数和分数，如：有理数的绝对值可以分成正数的绝对值、负数的绝对值、零的绝对值。

再如：有理数的加法法则通过对两个有理数的正负性的分类分成正数＋正数、正数＋负数、负数＋正数、负数＋负数、零＋正数、零＋负数、零＋零。也可按照同号、异号和零分成同号两数相加、异号两数相加，以及零加一个数。对数的精确度要求不一样，数可分成准确数和近似数等。

4. 哲学的思辨之美

"在古希腊，哲学家大都格外重视数学。最早的唯物主义哲学家泰勒斯，提出了原子唯物论的德谟克利特，最早的唯心主义哲学家毕达哥拉斯，都曾到埃及学习几何知识，创立唯心主义理念论的柏拉图，也特别推崇数学知识。"[①] 可见数学体现了丰富的哲学观点，在有理数一章也体现了辩证法。

4.1　对立统一思想

数学中充满矛盾，当然也充满对立与统一的问题。辩证法告诉我们："一切矛盾的东西相互联系着，不但在一定条件下处于一个统一体中，还可以互相转化。"在有理数一章中体现了这种思想。如：$3-(-2)=3+(+2)$，减法和加法是一对相反的运算，减法在一定条件下可转化为加法。同样，$(-5)\div(-4)=(-5)\times\left(-\dfrac{1}{4}\right)$ 的运算也体现了对立与统一。此外还有精确与近似、正与负、相等与不等、动与静、数与形等，都反映了既对立又统一的唯物主义观点。

---

①　张景中. 数学与哲学. 北京：中国少年儿童出版社，2003.

4.2　变与不变

数是数学中的基本概念，也是人类文明的重要组成部分。数的概念的每一次扩充都标志着数学的巨大飞跃，人们对于数的认识与应用，以及数系理论的完善程度可以反映当时的数学发展水平。在数系的发展过程中，"变与不变"始终贯穿着整个过程。

人类在生活和生产实践中认识的第一种数为自然数，自然数对除法运算是不封闭的。为了保证除法运算不变，即运算通行无阻而引进分数。分数和自然数在小学中我们统称为算术数。在算术数中为了保证减法运算的不变，即运算通行无阻而引进有理数。概括地说："数系扩展中，由自然数系发展到整数系，由整数系到有理数系，由有理数系到实数系，由实数系到复数系，实际上就是多次连续数系扩展中发现不变的运算特征，本质上就是强调多次抽象化来发展数学的抽象化眼光，透过不变部分的研究发展数学的公理化眼光，实际上培养的是数学数系扩展的抽象化和公理化眼光。运算扩展中也重复了这样的理念。加法是最基本的运算，由人们生活的需要而自然产生，如果相加的数相同，我们把相同的数连续相加的简便运算特别取名为乘法，从变式的角度，乘法在本质上只是一个特别的加法，加的性质不变，是加法的一种特殊变化。与此完全类似，同一个数相乘若干次，求其结果的一种运算方法，也特别取名为乘方。"[①] 其次是在数系的发展中，随着数系范围的扩大及新成员的加入，运算法则也随之而变，但运算中有着优良的传统作风——变中之不变，如加法的交换律和结合律、乘法的交换律和结合律即是变中的不变。数为何物？这是每次数系扩充后的深思，一部分数学家就认为，到底是不是数要看其运算和运算律是否成立。

4.3　否定之否定

著名数学史家 M. 克莱因在谈到负数为何经历一个曲折而漫长的过程时说："负数对数学家的困扰远胜于无理数。大概是因为负数没有现在的几何意义，并且其运算规则也非常奇怪……即便是在最好的课本中，表示减法的减号和用来表示负数的负号，仍然常常被弄混。"在有理数的乘法法则中，"负负得正"很难找到现实生活中的模型。欧拉在《对代数的完整介绍》（1770）一书中证明了减 $-b$ 的运算等于加 b 运算，因为"免除负债即意味着奉送礼物"。"中国有句古语，叫做'物极必反'，这和辩证法的'否定之否定'是一致的。"否定之否定是事物内部矛盾对立面的两次转化，即肯定

---

① 孙旭花，黄毅英，林智中. 变式的角度　数学的眼光. 数学教学，2007（10）.

——否定——否定。在有理数的乘法法则中，"负负得正"说起来容易，但真正理解起来很难。如果联系实际生活，双重否定即是肯定。如：无孔不入，战无不胜，攻无不克，"莫愁前路无知己，天下谁人不识君"等可加深对乘法法则的认识。

对美与数学的探讨自古就有，古希腊哲学家、数学家普罗克拉斯曾断言："哪里有数，哪里就有美。"开普勒认为"数学是这个世界之美的原型"。培根更断言："数学是关于美的科学。"著名的法国数学家、物理学家彭加勒说："感觉数学的美，感觉数和形的调和，感觉几何学的优雅，这是所有数学家都知道的美感。"罗素说："数学如果正确地看，不但拥有真理，而且有至高无上的美——正像雕刻的美，是一种冷而严肃的美。"罗素的话指出认识数学美的途径在于"正确地看数学"。"现今，由于人们认识到数学是一种文化，数学文化的美学观构成数学文化的重要内容，美的理念与数学教育成为当前数学教育研究中的一个热门课题。审美的追求对数学教育的作用也引起广大数学教师的重视，作为21世纪的教育工作者，尤其是第一线的教师，应该在数学教学中指导学生进行一定的审美活动，以推动数学教学乃至整个素质教育的发展。"①

---

① 周春荔. 数学美学与数学教育刍议. 中学数学研究，2006（11）.

美哉黄金分割

爱美之心，人皆有之。美本身有着影响力和吸引力，在市场经济中美更具有经济性。当下商家们利用人们的这种心理，打造一个个绝美的偶像，偶像如同柏拉图所云"美的理念"，让人们高不可攀，生活中我们都是平凡之人，面对偶像使人们感到自惭形秽。什么是最美的形象？在大众传媒时代里，我们接受的是商家打造的固定的偶像美，由于和偶像美的极大反差，为了找到美的自信，人们甚至不惜健康而整容，如前些年出现的"王贝整容"事件。

毫无讳言，年轻的王贝是健康漂亮的，就连这么美丽的王贝也冒着生命危险进行整容，那么人们不禁要问：商家打造美的标准是什么？

其实，这些美的标准是古希腊的先贤们在两千多年前就已经确立的，如毕达哥拉斯学派的黄金分割和对称等。说穿了，这些美的准则是数学的、理性的，同时又是冰冷的、亘古不变的准则。毕达哥拉斯学派在对数学的发现中，不断追求"美"的形式，他们认为日、月、五星都是球形，浮悬在太空中，这是最完美的立体，而圆是最完美的平面图。就是曾被誉为"巧妙的比例"并染上各种瑰丽诡秘色彩的"黄金分割"也是这个学派首先认识到的，这个学派的会徽是正五角星，正五角星蕴含"黄金分割"，如下图所示：

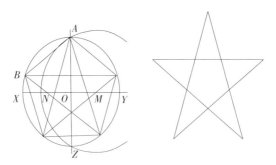

古希腊人按照这些美的准则设计出巴台农神庙等。

巴台农神庙正前面如图中白线表示的矩形，以矩形的宽为边在其内部作正方形，我们可以惊奇地发现，剩下的矩形和原矩形相似，矩形的宽和长之比恰好是黄金分割。

巴台农神庙

什么是黄金分割？简单地说：如图，P 是线段 AB 上的一点，且 $\dfrac{PB}{PA} = \dfrac{PA}{AB}$，则点 P 是线段 AB 的黄金分割点。

若设 $AB=1$，那么 AP 接近 0.618。符合黄金分割就显得和谐、匀称，因此节目主持人应站在黄金分割处。音乐家发现，二胡演奏中，"千金"分弦的比符合 $0.618:1$ 时，奏出来的音调最和谐、最悦耳。

艺术家在雕塑时按照黄金分割美的原则指导他们的作品，艺术家们发现，按 $0.618:1$ 来设计腿长与身高的比例，雕塑出的人体身材最优美。古希腊维纳斯女神塑像就有多处黄金分割点，这些作品穿越千年时空，魅力依然不衰。

画家在作画时，也非常注重黄金分割，如文艺复兴时期的艺术大师达·芬奇的每幅名画都注重黄金分割。在舞蹈中特别是芭蕾舞演员在翩翩起舞时，不时地踮起脚尖故意延长双腿，使之与身高的比值为 0.618，从而创造艺术美。而现今的女性，腰身以下的长度平均只占身高的 0.58，很难达到黄金分割，所以，为了美，许多姑娘都愿意穿上很高的高跟鞋，不怕危险和劳累。

上述的黄金分割之美是艺术家的杰作，其实大自然也偏爱着黄金分割之美。

花瓣图案和树叶在枝干上生长的方式，使数学家认识到，斐波那契数列1，1，2，3，5，8，13，…在自然界中随处可见。如果我们去数一根枝条上的树叶，从某一片叶子开始，到其正上方的一片叶子为止，两者之间的叶子数通常是一个斐波那契数（橡树是5，白杨树是8，柳树是13）。松球上鳞叶的螺线形排列也类似地表现为8个右旋和13个左旋的螺线。而更大的斐波那契数（34，55等）出现在向日葵籽的螺线形排列中。斐波那契数列还出现在大波斯菊和延龄草、榆树枝，以及菠萝表皮上的螺旋线。

松球　　　　　　　　向日葵籽

斐波那契数列的相邻两项之比 $\frac{1}{1}$，$\frac{2}{1}$，$\frac{3}{2}$，$\frac{5}{3}$，…，1，趋于一个极限，通常称为"黄金比例"，等于 $\frac{1+\sqrt{5}}{2}=0.168\cdots$，这个比例在整个数学中随处可见，它是正五边形的一条对角线和一条边之比，边长为这一比例的矩形通常被认为是最令人满意的形状——黄金矩形。

右图是一个黄金矩形，在这个黄金矩形中分出一个正方形，位于左边，右边剩下的仍是一个小的黄金矩形。在这个黄金矩形中再分出一个正方形，位于上边，下边剩下的是一个更小的黄金矩形，把这个过程继续下去，现在我们用一条光滑的连续曲线把所有正方形的顶点连起来，得到的就是对数螺线或等角螺线，如右图所示。海螺、蜗牛的外形就非常近似于对数螺线。瑞士邮票就表现了这一过程，还有在蜗牛壳和菊石上也出现了与此紧密相关的对数螺线图案[1]。

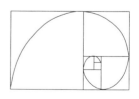

---

① ［英］罗宾 J 威尔逊．邮票上的数学［M］．李心灿，邹建成，郑权，译．上海：上海科技教育出版社，2002：98．

需要进一步指出的是，非洲大羚羊的角、金银花的螺旋线、贝壳的漩涡、银河系的螺线、DNA 的双螺旋，在这些例子里我们可见到的递归曲线说明螺旋线能适应生长。

为什么人们对这样的比例感到着迷？据研究，从猿到人的进化过程中，人体结构中有许多比值为 0.618，从而使人体美在几十万年的历史积淀中固定下来。人类最熟悉自己，势必将人体美作为最高的审美标准，凡是与人体相似的物体就喜欢它，就觉得美。于是黄金分割律作为一种重要的形式美法则，成为世代相传的审美经典规律，至今不衰！近年来，在研究黄金分割与人体关系时，人们发现了人体结构中有 14 个"黄金点"（物体短段与长段之比为 0.618）、12 个"黄金矩形"（宽与长的比值为 0.618 的长方形）和 2 个"黄金指数"（两物体间的比例关系为 0.618）。

1. 肚脐：头顶－足底之分割点；

2. 咽喉：头顶－肚脐之分割点；

3.（4）膝关节：肚脐－足底之分割点；

5.（6）肘关节：肩关节－中指尖之分割点；

7.（8）乳头：躯干－乳头纵轴上之分割点；

9. 眉间点：发际－颏底间距上 1/3 与中下 2/3 之分割点；

10. 鼻下点：发际－颏底间距下 1/3 与上中 2/3 之分割点；

11. 唇珠点：鼻底－颏底间距上 1/3 与中下 2/3 之分割点；

12. 颏唇沟正路点：鼻底－颏底间距下 1/3 与上中 2/3 之分割点；

13. 左口角点：口裂水平线左 1/3 与右 2/3 之分割点；

14. 右口角点：口裂水平线右 1/3 与左 2/3 之分割点。

商家们依据数学美的原则进行指导和整容等。在美容行业中注重面部黄金分割律，如面部三庭五眼黄金矩形，下图是脸部美容标准的一张照片：

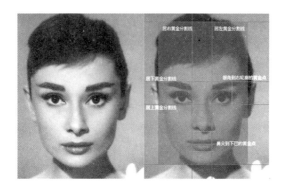

（1）躯体轮廓：肩宽与臀宽的平均数为宽，肩峰至臀底的高度为长；

（2）面部轮廓：眼水平线的面宽为宽，发际至颏底间距为长；

（3）鼻部轮廓：鼻翼为宽，鼻根至鼻底间距为长；

（4）唇部轮廓：静止状态时上下唇峰间距为宽，口角间距为长；

（5）、（6）手部轮廓：手的横径为宽，五指并拢时取平均数为长；

（7）、（8）、（9）、（10）、（11）、（12）上颌切牙、侧切牙、尖牙（左右各三个）轮廓：最大的近远中径为宽，齿龈径为长。

上面我们谈到西方美的原则，似乎美是这样的冰冷而缺乏活泼，以至于我们淡忘了什么才是真正的美，美到底是什么呢？首先看一看我们的祖先们造"美"字时，蕴含哪些朴素的想法。

"美"字是由"大"和"羊"组成的会意字，由此构成古人对美寄予以下三点想法：

（1）大羊为美，意为强壮、力量、健康之美，其实在动物世界里美是展示雄性阳刚之美，如雄翔羊头上有一对美丽的翔角，雄赳赳、气昂昂，相反雌翔羊就没有角。同样雄狮头上长着美丽的棕毛显得很威武神气，雌狮头上却没有这样漂亮。可见美字最初显示雄性的强壮、力量之美。

（2）美字选择羊这类动物的温顺和善良的品性，体现善良才是美。

（3）羊越大，肉越多，味道越鲜美，同样，羊大羊皮也大，做成的衣服也越好，体现古人实用之美。[①]

我们祖先对什么是最美，即使在当下也很有积极意义。一个病快快的人，即使有着漂亮的脸蛋，也仅是人们对其施舍或怜悯的对象；一个有着迷人的外表，却有着险恶之心的人不禁让人毛骨悚然。真、善、美才是人类最高的审美原则，也是人类永恒追求的美。在大众传媒强盛的今天，给人们美的印象仅是明星或偶像，于是乎满大街都是相同的几种发型，感受到的美是固定化、格式化的，雨果笔下《巴黎圣母院》中写到："一位敲钟人，他本是一个孤儿，受尽流离困苦才成为一个在巴黎圣母院敲钟的奴隶。圣母院里的一个高级僧侣偷看到吉卜赛女郎的歌舞，便动了淫念，迫使敲钟人把她劫掠过来。在劫掠中敲钟人受到了群众的毒打，渴得要命，奄奄一息之际，给他水喝因而救了他命的正是被恶棍主子差遣去劫夺的吉卜赛女郎。她不但不跟群众一起打他，出于对同受压迫的穷苦人的同情，毅然站出来救了敲钟人的命。她不仅面貌美，灵魂也美。一口水之恩使敲钟人认识到什么是善和恶，什么是美和丑，什么是人类的爱和恨。以后在每个紧要关头，他都是吉卜赛女郎的救护人，甚至设法成全她对卫队长的单相思。把吉卜赛女郎藏在钟楼里使她免于一死的是他，识破恶棍对她的阴谋的是他，最后把恶棍从高楼上扔下摔死，因而替女郎报了仇、雪了恨的还是他。这个女郎以施行魔术的罪名被处死，尸首被抛到地下墓道里，他在深夜里找到尸首所在，便和她并头躺下，自己也就断了气。就是这样一个五官不全而又奇丑的处在社会最下层的小人物，却显示出超人的大力、大智和大勇甚至大慈大悲。"纵观《巴黎圣母院》，虽然地位显赫又有着英俊外表的高级僧侣和卫队长，却被读者所鄙视，相反，对敲钟人我们都予以同情，他给读者以心灵的震撼，那就是心灵的崇高美。

又如，西晋名士嵇康不想依附司马昭，在极其黑暗的政治时代，为朋友李安说了公道话，引来杀身之祸，赴难之前的那一幕，真可谓千古绝唱，倒不是因为嵇康是那个时代长得最美的美男子，历史上有哪个最美的美男子还留在史册上，流淌在民族的血液中，唯有名士嵇康，嵇康的美是精神上的高贵之美，赴难前从容不迫地弹着《广陵曲》，这琴声无不感动着在场的每一个人，夕阳西下，琴声扬扬。弹毕，说道："如今后，《广陵曲》绝

[①]　唐汉. 汉字密码. 西安：陕西师范大学出版社，2009.

矣！……"然后从容赴难。我想这琴声不但是这个时代最动人心魄的，更是"前无古人，后无来者，念天地之悠悠，独怆然而涕下"。嵇康面对死亡，是那么的从容，把死亡演绎得这么有艺术，让人刻骨铭心，使人想起庄子的话："夫水行不避蛟龙者，渔人之勇也。陆行不避虎兕者，猎夫之勇。白刃交于前，视死若生者，烈士之勇也。知穷之有命，知通之有时，临大难而不惧者，圣人之勇也。"

除了真、善、美之外，中国古人讲究的美人具有神韵、气质、内蕴等，下面请看王安石的诗：

明妃曲 （一）

明妃初出汉宫时，泪湿春风鬓脚垂。

低徊顾影无颜色，尚得君王不自持。

归来却怪丹青手，入眼平生未曾有。

意态由来画不成，当时枉杀毛延寿。

一去心知更不归，可怜着尽汉宫衣。

寄声欲问塞南事，只有年年鸿雁飞。

家人万里传消息，好在毡城莫相忆。

君不见咫尺长门闭阿娇，人生失意无南北。

诗中谈到西汉帝皇平常见到都是笑容满面的美人，而如今明妃王昭君要远离祖国到千里迢迢的匈奴去，王昭君想起今后命运未卜，人生地不熟，不知不觉泪流满面，真实的情感让皇帝顿生怜惜，其次的"意态由来画不成，当时枉杀毛延寿"讲的是美人的意韵和气质，即使天才的画家你也画不出，皇帝你自己才是有眼无珠，不能选人。因此传统的审美讲究的是神韵，是由内而外散发出的美，这样的美才经久不衰。

作为 21 世纪的年轻一代，中学生要不断提高鉴赏力，在中外的经典著作中滋润自己的心田，在中外经典艺术作品中陶冶情操，不要整天被流行歌曲充塞自己的耳朵，要让中外经典名曲洗礼自己的灵魂，提高自己对美的判断力，让哲学插上理性的翅膀，用理性的视角审视美，提升自己的精神境界，适当地进行体育锻炼，塑造自己健康的体魄，要相信年轻本身就是美，相信只有提高自己对美的鉴赏力，才会散发着美的芳香。

美妙的杨辉三角

图 1 所示的是由数字组成的三角形，它刊载于七百多年前南宋数学家杨辉所著的《详解九章算法》一书中（1261），我们称它为杨辉三角。杨辉还在书中说，这个图出自于贾宪的《释锁》算书。[①] 可惜贾宪的书失传了。

图 1

然而，在西方的一些数学史著作中，却把这个图称为"帕斯卡三角"，认为是法国数学家帕斯卡（Pascal，1623—1662）发现的，据说，帕斯卡发现此三角形时年仅 13 岁。其实继杨辉之后，中国元代数学家朱世杰在《四元玉鉴》（1303）中用过这个图形。中亚细亚的阿尔卡希（Al kashi）于 1427 年、德国数学家阿卜亚鲁斯（Apianus）于 1527 年也用过这个图形，但这些都比杨辉或贾宪要迟相当长一段时间。

"杨辉三角"这个名字是我们现在给它取的，它的原名叫"开方作法本源"图，是用来开方的，其原理至今仍然适用。那么，这张杨辉三角形数字是怎样产生的呢？请看下面的整式乘法：

$(a+b)^1=1a+1b$；

$(a+b)^2=a^2+2ab+b^2$；

$(a+b)^3=a^3+3a^2b+3ab^2+b^3$

进一步我们可以继续得到：

$(a+b)^4=a^4+4a^3b+6a^2b^2+4ab^3+b^4$；

$(a+b)^5=a^5+5a^4b+10a^3b^2+10a^2b^3+5ab^4+b^5$；

① 王方汉. 中国古代数学的瑰宝：杨辉三角. 数学通讯，2000（12）.

$(a+b)^6 = a^6 + 6a^5b + 15a^4b^2 + 20a^3b^3 + 15a^2b^4 + 6ab^5 + b^6$；

……

可见是 $(a+b)^n$ 当 $n=1$，2，3，4，5，6，…展开式中各项的系数所组成的（图2）。在高中数学中，有一个重要的定理——二项式定理，就是 $(a+b)^n = C_n^0 a^n + C_n^1 a^{n-1}b + C_n^2 a^{n-2}b^2 + \cdots + C_n^1 ab^{n-1} + C_n^n b^n$。

其中 $C_n^r = \dfrac{n \cdot (n-1)(n-2) \cdots (n-r+1)}{r \cdot (r-1)(r-2) \cdots 3 \cdot 2 \cdot 1}$，例如：

$$C_9^4 = \frac{9 \times 8 \times 7 \times 6}{4 \times 3 \times 2 \times 1} = 126$$

1   C_0^0

1 1 C_1^0 C_1^1

1 2 1 C_2^0 C_2^1 C_2^2

1 3 3 1 C_3^0 C_3^1 C_3^2 C_3^3

1 4 6 4 1 C_4^0 C_4^1 C_4^2 C_4^3 C_4^4

1 5 10 10 5 1 C_5^0 C_5^1 C_5^2 C_5^3 C_5^4 C_5^5

1 6 15 20 15 6 1 C_6^0 C_6^1 C_6^2 C_6^3 C_6^4 C_6^5 C_6^6

……………………   ……………………

C_n^0 C_n^1 C_n^2 …… C_n^n C_n^0 C_n^1 C_n^2 ……………… C_n^n

图 2

这张图表到底蕴含着哪些神奇而美妙的性质呢？下面我们就来揭开她神秘的面纱。

1．对称性

观察每一行的数字，我们不难发现，它们是对称的，是关于"杨辉三角"底边上的高为对称轴，在每一行左右对称的数字是相等的，用式子表示为 $C_n^r = C_n^{n-r}$。

2．"和幂性"第 n 行数字之和为 2^n

$$1+1 \qquad = 2$$
$$1+2+1 \qquad = 4$$
$$1+3+3+1 \qquad = 8$$
$$1+4+6+4+1 \qquad = 16$$

…………

图 3

如果把"1"称为第 0 行，上面"1+1"称为第 1 行，不难发现第 1 行的数字之和为 2，第 2 行的数字之和为 4，依此类推，第 n 行的数字之和为 2^n。这是因为"杨辉三角"的第 n 行数字是 $(a+b)^n$ 展开的二项式系数，即

$$(a+b)^n = C_n^0 a^n + C_n^1 a^{n-1}b + C_n^2 a^{n-2}b^2 + \cdots + C_n^1 ab^{n-1} + C_n^n b^n$$

当 $a=b=1$ 时，

$$\begin{aligned}
(a+b)^n &= (1+1)^n \\
&= C_n^0 1^n + C_n^1 1^{n-1}1 + C_n^2 1^{n-2}1^2 + \cdots + C_n^1 1 \times 1^{n-1} + C_n^n 1^n \\
&= C_n^0 + C_n^1 + C_n^2 + \cdots + C_n^1 + C_n^n \\
&= 2^n
\end{aligned}$$

进一步推广可以编制以下命题的结论，如：$3^n=(2+1)^n$，$1=(2-1)^n$，$2^n=(3-1)^n$，$0=(1-1)^n$ 等命题展开后的结论分别如下：

(1) $2^n + 2^{n-1}C_n^1 + 2^{n-2}C_n^2 + 2^{n-3}C_n^3 + \cdots + C_n^n = 3^n$；

(2) $2^n - 2^{n-1}C_n^1 + 2^{n-2}C_n^2 - 2^{n-3}C_n^3 + \cdots + (-1)^n C_n^n = 1$；

(3) $3^n - 3^{n-1}C_n^1 + 3^{n-2}C_n^2 - 3^{n-3}C_n^3 + \cdots + (-1)^n C_n^n = 2^n$；

(4) $C_n^0 - C_n^1 + C_n^2 - C_n^3 + \cdots (-1)^n C_n^n = 0$.

3. 杨辉三角中的裴波那契数列

在杨辉三角往斜左下方处画斜线就得到一组数列：1，1，2，3，5，8，…，这组数列就是著名的裴波那契数列，裴波那契数列的前一项与后一项之比接近黄金分割数，这两项越往后它们的比值越趋向于黄金分割数。看起来毫不相关的数学内容，实质上有着深刻的联系。难怪著名的瑞士数学家贝努里（Bernolli，1654—1705）对杨辉三角赞叹不已，他说："这张表具有一系列奇妙的性质！"

4. 杨辉三角中的高阶等差数列

如图 4 所示，第一斜列为：1，1，1，…，1，称之为"常数列"，"常数列"中每一项的数都相等，从第 0 行到第 n 行共有 $(n+1)$ 个数，它们的和为 $(n+1)$。

第0行   1   第1斜列
第1行   1   1   第2斜列
第2行   1   2   1   第3斜列
第3行   1   3   3   1   第4斜列
第4行   1   4   6   4   1   第5斜列
第5行   1   5   10   10   5   1   第6斜列
第6行   1   6   15   20   15   6   1   第7斜列
第7行   1   7   21   35   35   21   7   1   第8斜列
第8行   1   8   28   56   70   56   28   8   1   第9斜列
第9行   1   9   36   84   126   126   84   36   9   1   第10斜列
第10行   1   10   45   120   210   252   210   120   45   10   1   第11斜列
第11行 1   11   55   165   330   462   462   330   165   65   11   1   第12斜列

图 4

第二斜列：1，2，3，4，5，…，称之为"等差数列"。什么叫"等差数列"？如果一个数列从第二项开始，每一项减去它前面一项的差是一个定值，这个数列叫等差数列。据说小高斯七岁时，就能计算：$1+2+3+\cdots+100=(1+100)\times50=5050$，他的方法是：（首项＋尾项）×项数÷2。现在我们可以直接在杨辉三角中找到答案：

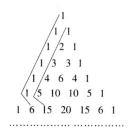

图 5

从图 5 中可以发现：第一斜列之和为第 6 行的第二个数 6，即 $1+1+1+1+1+1=6$；还可以发现第二斜列之和为第 6 行的第 3 个数 15，即 $1+2+3+4+5=15$；那么很自然会猜想，第三斜列之和会等于第 6 行的第 4 个数 20 吗？答案是肯定的，不仅是第三斜列，接下去的第四、五……斜列都有这种性质。

一般地，在第 m 条斜线上（从右上到左下）前 n 个数字的和等于第（$m+1$）条斜线上的第 n 个数。根据这一性质。可以证明下列数列的前 n 项和：

$1+1+1+\cdots+1=C_n^1$；

$1+2+3+\cdots+n=C_n^2$；

$1+3+6+\cdots+C_{n-1}^2=C_n^3$；

$1+4+10+\cdots+C_{n-1}^3=C_n^4$；

················

数列 1，3，6，10，15，…叫二阶等差数列，如果一个数列从第二项开始，每一项减去它前面一项的差又构成一个新的等差数列，那么这个数列就叫做二阶等差数列。照此类推，可以定义三阶、四阶的等差数列。二阶以上的等差数列称为高阶等差数列。高阶等差数列之和是很深的学问，不过从杨辉三角中可以轻松地得到解答。

5．最短线路问题

图 6 是某街道的平面示意图，从 A 到 B 处的最短走法种数是多少？

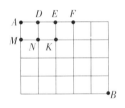

图 6

我们先研究一下图 6 的走法，在图 7 中先看 A 点到 D，E，F，M，N，K 最短走法的种数。明显 $A\to D$，$A\to E$，$A\to F$，$A\to M$ 均只有一种最短走法；$A\to N$ 可分为 $A\to M\to N$，$A\to D\to N$ 两种情形，有两种最短走法；$A\to K$ 可分为 $A\to N\to K$，$A\to E\to K$ 两种情形，有三种最短走法。如此分析，我们可以给出图 6 中 A 点到每个街道交叉点的最短走法种数，如图 7 所示。

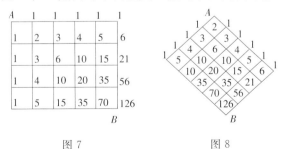

图 7 图 8

将图 7 绕 A 点顺时针方向旋转 45°，得到图 8，在图 8 中，交叉点标出的数字等于它角上两个数的和（除 1 外），符合杨辉三角数字的特征。街道的走法种数可联系杨辉三角，体现出数学知识的和谐统一、简洁之美！

6. 杨辉三角中的"11"

杨辉三角还有与数字"11"的完美结合，图 9 中，通过观察可以发现，如果将杨辉三角每行数字顺次排出，每个数字占一位（不足者进位，如第 5 行 1，5，10，10，5，1，进位得 $1 \times 10^5 + 5 \times 10^4 + 10 \times 10^3 + 10 \times 10^2 + 5 \times 10 + 1 = 161051$），我们可以发现一个奇妙的现象：第 n 行数排列所得的结果等于 11 的 n 次方。写成数学语言，即为：$C_n^0 \times 10^n + C_n^1 \times 10^{n-1} + C_n^2 \times 10^{n-2} + \cdots + C_n^1 \times 10^1 + 1 = 11^n$（$n$ 为自然数）。

第 0 行	1	$1 = 11^0$
第 1 行	1　1	$11 = 11^1$
第 2 行	1　2　1	$121 = 11^2$
第 3 行	1　3　3　1	$1331 = 11^3$
第 4 行	1　4　6　4　1	$14641 = 11^4$
……	……	……

图 9

7. 杨辉三角形中的概率

如图 10 有一从 O 往下依次分支的管道，1 个球从管道的入口 O 落入管道，试分别计算从管道的出口 A，B，C，D 脱出的概率。（已知在管道的分叉处，球以相同的概率落入每一分支）

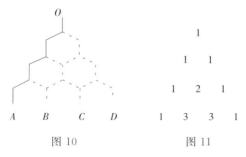

图 10　　　　　图 11

球落入第 4 层第一个竖直通道的路径只有 1 条，落入第 4 层第 2 个竖直通道的路径有 3 条，第 3 个有 3 条，第 4 个有 1 条。所以所求的概率分别为 $P(A) = \dfrac{1}{8}$，$P(B) = \dfrac{3}{8}$，$P(C) = \dfrac{3}{8}$，$P(D) = \dfrac{1}{8}$。

问题中各层通道的路径写成如下形状（图 11），发现它正好是杨辉三角。

将上面问题的规律推广，可以得到每层通道的概率，组成另一种三角形，称之为概率三角形。

$$1$$

$$\frac{1}{2} \quad \frac{1}{2}$$

$$\frac{1}{4} \quad \frac{1}{2} \quad \frac{1}{4}$$

$$\frac{1}{8} \quad \frac{3}{8} \quad \frac{3}{8} \quad \frac{1}{8}$$

$$\frac{1}{16} \quad \frac{1}{4} \quad \frac{3}{8} \quad \frac{1}{4} \quad \frac{1}{16}$$

....

图 12

以上列举杨辉三角的性质，对于初中学生都能感受到其美妙之处，在高等数学中，杨辉三角同样大显身手：部分分式的变形，杨辉三角可以起简化计算的作用；杨辉三角与行列式联系起来，有许多精彩的例子；利用概率模型能批量生产关于组合数的恒等式；杨辉三角是我国古代数学的瑰宝，它又是现代数学的一个"富矿"，等待人们去开采。

寻觅中学数学中的"对称之美"

大自然中翩翩起舞双翅的蝴蝶，水面无风时的"湖光山色两相和"，娇艳的牡丹花，晚霞中的落日，这些景物皆予人以对称之美，对称是大自然深沉的语言。远古的先民们很早就从大自然的结构中感悟到了对称之美。

于是乎对称被广泛应用于诸多领域中，建筑师们利用对称的均衡、典雅设计出如北京的天坛、印度的泰姬陵、古希腊的巴台农神庙等流芳百世的建筑。

诗人们利用对称寻找韵律的对仗和形式的整齐，写下如"明月松间照，清泉石上流"的优美诗句。[①] 寻常百姓家的春联、门神、左青狮、右白象是常用的对称手法，婚姻中的"门当户对"更是对称观念的体现。那么，平常中的对称是什么呢？

根据《牛津字典》，"对称"是一种结构，使得物体可以被分割成形状和大小相同的几部分，或者是物体关于边界和中心的类似重复。

根据《现代汉语词典》，"对称"是指图形或物体对某个点、直线或平面而言，在大小、形状和排列上具有一一对应的关系。

"对称"到了数学家的手里进一步细化，数学中的"对称"指的是："若有一图形 G 以及一类变换，使得 G 经过这一类中任一变换后仍保持不变，就说 G 关于这类变换是一个对称。"[②]

中学课本和研究型学习课堂中都涉及一些平面图形的对称性问题。

本文试从中学数学中几个熟悉的内容谈谈对称并感受其美。

1. 对称与几何图形

对称在人类文明早期就有所体现，对称的概念如同人类文明一样古老，究竟是谁将对称的概念引入数学的呢？这也许要追溯到古希腊的哲学家和数学家。古希腊的哲学家恩培多克勒（公元前 492 年至 432 年）认为，万物都

---

① 张尊宙，梁绍君. 中学教材中的"数学文化"内容举例. 数学教学，2002（4）.

② 齐民友. 三角函数　向量　复数. 数学通报，2007（10）.

是由四种基本元素：水、火、气、土构成的。① 这个理论在希腊被广泛接受。"公元前 350 年左右，古希腊哲学家柏拉图在其著作《帝区欧篇》中，从理论上说明了这四种元素都是由微小的固体聚集而成的，他论述道，作为物质的基本组块，这四种元素必须有完美的几何形状，也就是使希腊数学家深深着迷的五种正多面体，具有完美对称性的立方体、正四面体、正八面体、正十二面体、正二十面体。柏拉图认为，作为最轻的最刺激的元素——火一定是正四面体。土是最稳定的，一定是立方体。由于水最会流动，因此它必定是最易流动的正二十面体。气是正八面体。剩下的是正十二面体代表宇宙。"②

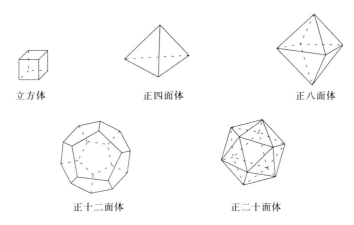

立方体　　　　　　　正四面体　　　　　　　正八面体

正十二面体　　　　　　　正二十面体

　　有趣的是，这五种正多面体都有它的对偶形，为了作出正多面体的对偶形，先找到每一面的中心，然后把共有一公共边的两面的中心连接起来，由图可知，四面体的对偶形是四面体，立方体（六面体）的对偶形是八面体，八面体的对偶形是立方体，十二面体的对偶形是二十面体，二十面体的对偶形是十二面体，五种柏拉图体的对偶形仍是柏拉图体。

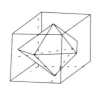

立方体及其对偶形　　　　四面体及其对偶形　　　　八面体及其对偶形

　　① 邓晓芒. 古希腊罗马哲学讲演录. 北京：世界图书出版社，2007.
　　② 基思·德夫林. 千年难题：七个悬赏 1000000 美元的数学问题. 沈崇圣，译. 上海：上海科技教育出版社，2012.

十二面体及其对偶形　　　　二十面体及其对偶形

正三角形、正方形、正多边形、圆、正多面体等是中学课堂中的关注图形。正三角形、正方形、正多边形等特殊图形为什么会受到众人的喜爱呢？因为每个正多边形都有较强的对称性。"在相同边数的多边形中，正多边形无疑是对称程度最高的。当边数趋于无穷时正多边形就收敛到圆，正多面体就收敛到球，而圆和球的对称程度最高，所以圆和球可以解释为完美理想的正多边形和正多面体。"正如毕达哥拉斯说："一切立体图形中最美的是球，一切平面图形中最美的是圆。"

2．对称与函数图像

平面直角坐标系使数和形有了零距离接触，数插上形的翅膀在数学的天空中自由翱翔。有序实数对 (x, y) 对应几何图形中的点，一次函数对应着直线，圆锥曲线对应着二次函数。研究函数的性质可以通过函数图像得到。对称是观察图像常用的思想方法。例如，奇函数的图像关于原点对称，偶函数的图像关于 y 轴对称。$f(x)$ 和 $f^{-1}(x)$ 是互逆的函数，关于直线 $y=x$ 对称。

感受图形之美时人们偏爱对称，画图形时人们不自觉地应用对称。对称有镜像对称、平移对称、旋转对称等。利用各种对称手法构造函数，使函数图像有着绘画一样的美，下面是几个优美的函数图像：

（1）研究方程 $\log_x y = \log_y x$ 所表示的点集：

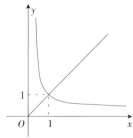

一代天骄，成吉思汗，只识弯弓射大雕。

（2）$y=-x^2+|x|+2$

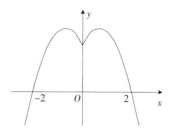

飞流直下三千尺，疑是银河落九天。

（3）$y=|\sin x|$

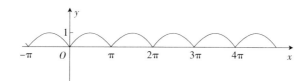

一江春水向东流。

此时的数学，其美学风格与艺术风格一脉相承。

3. 代数中的对称

图形中蕴含了丰富的对称之美，与之相类似的数和式的结构中也有着对称之美。例如：

$(a+b)^1=a+b$

$(a+b)^2=a^2+2ab+b^2$

$(a+b)^3=a^3+3a^2b+3ab^2+b^3$

$(a+b)^4=a^4+4a^3b+6a^2b^2+4ab^3+b^4$

……

把它们展开取各项系数排列如下：

$$1$$
$$1 \quad 1$$
$$1 \quad 2 \quad 1$$
$$1 \quad 3 \quad 3 \quad 1$$
$$1 \quad 4 \quad 6 \quad 4 \quad 1$$
$$1 \quad 5 \quad 10 \quad 10 \quad 5 \quad 1$$
$$\cdots\cdots\cdots\cdots\cdots\cdots\cdots\cdots$$

我们会惊奇地发现，这就是熟悉的杨辉三角形（西方人又称之为帕斯卡三角形），杨辉三角形整体数对称，每行中的数也对称，这样的三角形数有着很完美的对称。

$a+b=b+a$，$ab=ba$ 分别是加法和乘法的交换律，从对称的角度看可以把它称为回文等式：

（1）$a^2+2ab+b^2=b^2+2ab+a^2$

（2）$a^3+3a^2b+3ab^2+b^3=b^3+3b^2a+3ba^2+a^3$

与回文等式相近的一种数称为镜反数。所谓镜反数，是指在数学中把一个数倒读后所得的数称为原数的镜反数。镜反数是一种互相关的关系，如123454321 就是互为镜反数。在数学中，一些镜反数特别有趣。

为了叙述方便，用双向箭头（←→）表示互为镜反数的关系：12←→21 左右两个自然数，各自平方后成为 144 及 441，我们注意到依然保持了镜反数的关系，即：144←→441。

13 和 31 互为镜反数，即：13←→31；它们各自平方后所得到的数也保持了镜反数的关系，即 169←→961。

不仅如此，12 与 13 的乘积也具有这种性质。$12×13=156$，其镜反数乘积 $31×21=651$。156 和 561 互为镜反数，即：$12×13=156$←→$31×21=651$。

这样有趣的镜反数还有：{11，12}，{21，22}，{102，103}，{1012，1031}。[1]

4. 随机现象中的对称

通常的想法，随机现象的自然界和对称似乎没有联系，其实偶然世界的冥冥之中有对称思想在制约着。如抛一枚质地均匀的硬币，随着试验次数的增多，正反面出现的机会接近相等。再如两枚质地均匀的骰子，各有六个面，六个面上的数字分别为 1，2，3，4，5，6。同时抛掷两枚骰子，试分析朝上的一面两点数之和的概率，通过列表分析：

---

① 谈祥柏. 数学与文史. 上海：上海教育出版社，2002.

点数 两点数和 点数	1	2	3	4	5	6
1	2	3	4	5	6	7
2	3	4	5	6	7	8
3	4	5	6	7	8	9
4	5	6	7	8	9	10
5	6	7	8	9	10	11
6	7	8	9	10	11	12

　　从表中可以发现，数字分布是对称的。两点数之和为 2 和 12 的概率是相等的，同样两点数之和为 3 和 11，4 和 9，5 和 8，6 和 7 的概率也是相等的。

　　上述仅是随机现象中两个与对称有关的例子，历史上有许多数学家对随机现象进行了大量研究，其中有名的大数学家高斯在概率统计中发现了正态分布。

　　正态分布是描述自然现象和社会现象中随机状态下的分布情况，下面是一个一般人口中的智商分布：

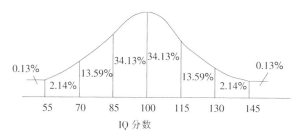

IQ 分数

　　一般人口中智商分布的大量研究表明，人的智力水平呈正态分布，也就是说，在相当多的同龄人中，个人智商发生率符合上图的比率，图中的百分数表示一定智商分数之间的人数比率。[1] 从上图可以看出正态分布曲线是以均数为中心左右对称，但曲线两端与水平轴永不相交，其次，正态曲线由均数所在处开始对称地分别向左、右两侧逐渐均匀下降。正态分布很好地说明随机现象中受对称支配。

---

　　① 皮连生主编. 学与教的心理学. 上海：华东师范大学出版社，1997.

5. "对称"在数学史中不同寻常的发挥

数学中有一种基本的性质为接合性，如点与直线间的一种位置关系，可以叙述成"一点在一直线上"，也可以换成另一种说法"一直线通过一点"。

上述中"点"与"直线"两个名词可以相互变换，类似于运算中的交换律，这样的两个命题在几何学中称为"自行对偶"命题，"点"与"直线"称为对偶元素。在欧氏平面几何中，点和直线的位置并不是完全对称的，因为过两点总可以作一条直线，任意两条直线则未必一定有交点（如果它们互相平行），追求完美是数学家的天性，首先注意到这种现象的是德国数学家德沙格。德沙格所以引入无穷远点（和无穷远直线）并非异想天开，而是对于对称美的一种追求。

他创立了射影几何的一个直接出发点，即在直线上引入一个无穷远点：它不仅是直线两端的连接点，也是所有与这条直线平行的直线的共同交点，平面上所有的无穷远点组成"无穷远直线"。这样一来，有了无穷远点和无穷远直线，几何命题就完全对称了。例如，"两点在一条直线上"与"两条直线交于一点"在射影几何中就获得了新的意义。

这样的对偶命题是两种不同的位置关系，把"点"换成"直线"，把"直线"换成"点"，再把关系词适当改变一下，就可以由前面一种关系得出后一种关系。像这样的命题在几何中称为"互为对偶"命题。点和直线处于对称地位。如果一个定理中只谈到"点在直线上"或"直线经过点"，那么把定理中的所有小写字母都改成大写字母，所有的"直线"都改为"点"，所有的"点"都改为"直线"，"在一条直线上"改为"过一点"，"过一点"改为"在一条直线上"。这样更改之后，得到一个新定理，与原来的定理互称为对偶定理。

对偶原理指出，两个互为对偶的定理，如果证明了其中的一个，另一个不用证明就可以承认了。如果只知道其中的一个，只要把大写字母和小写字母对调，点和直线对调，点在直线上和直线过点对调，便可得出另一个定理。

他发现了既新颖又很实用的互逆变换，这个变换使得在满足下述特定条件下可以将一个平面图形变换成另一个，新图形的边对应于原图形的顶点，反过来也成立，经常使用这种类型的变换可将某图形所需的探索性质化约到另一个更易探索性质的图形上来，为了说明这种对偶变换，下面举几个简单的例子：

平面内不共线的三点与其每两点的连线所围成的图形叫做三角形。

平面内不共点的三条直线与其每两条直线的交点所组成的图形叫做三线形。

笛沙格（Desargue）的对偶形定理：两个三角形对应顶点的边线交于一

点时，那么对应边的交点在同一直线上；两个三线形对应边的交点在同一直线上时，那么对应顶点的直线交于一点。

"对称"被出色地加以发挥的第二人是法国数学家伽罗华（Galois，1811～1832）。"伽罗华是数学史上非同寻常的人物之一，两次参加法国高等工科学校考试两次失败，父亲含冤而死，随后 1831 年被师范学校录取，一年后又离校，积极参与政治使他坐牢几个月，还未到 21 周岁，在参加一次毫无意义的争吵所引发的决斗中死去，他将自己关于方程理论的数学发现两次向法国科学院投稿，两次遗失，但幸运的是死后其好友将他的论文于 1846 年发表在维尔杂志上。"[1]

对称现象背后的数学就是群论，群论是伽罗华为解决代数方程而引入的。一元二次方程 $ax^2+bx+c=0$（a，b，c 为数，$a\neq0$）的根可用公式表示，16 世纪时人们发现 3 次和 4 次代数方程可以用根式求解，对于 5 次代数方程，甚至更高次数的代数方程，数学家付出任何努力都是徒劳的，直到 1826 年阿贝尔才证明，对 5 次以上的方程，不存在一个一般解的公式。

对于某些特殊的高次方程，仍然可以用根式来解，伽罗华用代数方程的对称性指出了方程可解的精确条件，他的结论也许令人惊奇：如果方程具有过多对称的话，就不能用根式求解，这个结论与我们通常所说的对称性质可以把问题加以简化不同，所以对于对称的合理解释就显得非常重要。[2] 考虑下面三个方程：

$$(x+2)^5=0$$
$$(x^4-7x^2+12)(x-1)=0$$
$$a_0+a_1x+a_2x^2+a_3x^3+a_4x^4+a_5x^5+a_6x^6=0$$

其中 a_1，$\cdots$，a_6 为随机选取的整数，我们应该怎样定义一个方程的对称性以及对称程度的比较呢？精确定义需要相当高的技巧。我们可以描述为每个方程式都有一个有限群，称为伽罗华群，伽罗华群越大越对称。

第一个方程有平凡的对称（或者干脆就没有对称），所以可以容易解出 $x=-2$。第二个方程的对称性也很小，所以方程可以用根式解出 $x_1=2$，$x_2=-2$，$x_3=\sqrt{3}$，$x_4=-\sqrt{3}$，$x_5=1$。最后一个具有随机系数的方程是最对称的，所以不能用根式解出。根据平常的认识，随机性与对称性应该背道而驰，所以我们会倾向于认为一个具有随机系数的方程不对称，可是在许多情况下我们也看到随机是被某些对称所支配的。

---

① 埃利·嘉当文. 法国在数学发展中所起的作用. 方望，译. 数学与数学人，2007（3）.

② 季理真. 对称在艺术与科学中的作用. 数学与数学人，2007（3）.

对 称 的 意 韵

对称在平常更多地是从形上来理解，其实对称从意上理解更本质、更深刻。有关对称的意韵有这么一则笑话："街上一户人家，左边是打铁店，右边是打铜店，哐哐当当，左右夹攻，深以为苦。一日，户主宴请铁匠和铜匠，席间献议给予充足赔偿，请他们搬迁，他们爽快地同意了。拿了赔偿金之后，他们大举搬迁，铁匠搬到打铜店，铜匠搬到打铁店。"虽名为搬迁，实乃一样，这就是变中有不变，这就是对称之意蕴。

对称性如同人类的文明历史一样古老，它普适于人类生活的各个方面。我们的祖先首先从认识自然界的形象对称开始，如树叶的左右对称、太阳的完美对称等，从而感悟出对称的概念，并把对称外化为物或器皿中。在古人类的遗址中发现的陶器和青铜器，以及古代的壁画和丝织品的花纹等，都以图案的对称性为主旋律。它对人类的审美意念产生了重大的影响，中世纪的美学家把对称理解为美，将对称与完整、和谐相关联。不仅如此，对称性的触角自古代开始就向自然科学延伸。

初中数学主要是从直观图形中认识对称的概念，把一个图形沿着某一条直线对折后能够互相重合的图形称为轴对称图形。如果我们在学习了平移变换、对称变换、旋转变换后还停留在轴对称图形概念的形上，对于理解"对称"的概念是比较单薄的，没有领略到对称的神韵，那么，如何把握对称的本质呢？

1. 从数学公式中感受对称的意韵

数学中的对称，不仅是指几何图形中的对称，代数表示式中，若各个字母互相替代，表示式不变，也称这个表示式关于这些字母是对称的。例如：$x+y+z$，$xy+xz+yz$；一元二次方程 $ax^2+bx+c=0$（$a\neq 0$，a，b，c 是常数）的解是 $x_1=\dfrac{-b+\sqrt{b^2-4ac}}{2a}$ 和 $x_2=\dfrac{-b-\sqrt{b^2-4ac}}{2a}$，它们的两根在结构上是对称的。再如：三角形的面积公式 $S=\dfrac{1}{2}ah_a=\dfrac{1}{2}bh_b=\dfrac{1}{2}ch_c$，$S=\dfrac{1}{2}$ $ab\sin C=\dfrac{1}{2}bc\sin A=\dfrac{1}{2}ac\sin B$，$S=\sqrt{p(p-a)(p-b)(p-c)}=\dfrac{1}{2}(a+b$

$+c$）；正弦定理：$\dfrac{a}{\sin A}=\dfrac{b}{\sin B}=\dfrac{c}{\sin C}$，$\sin(\alpha+\beta)=\sin\alpha\cos\beta+\cos\alpha\sin\beta$；还有余弦定理的一个关系式：$a^2=b^2+c^2-2bc\cos A$，由轮换对称可得其他两个关系式为：$b^2=a^2+c^2-2ac\cos B$，$c^2=a^2+b^2-2ab\cos C$。由于三角形中三条边和三个角的地位是均等的，此时对称可以理解为平等、平衡、对等的意思。相传小高斯在七岁时，就能计算"$1+2+3+\cdots+98+99+100$"，他的方法是$(1+100)+(2+99)+\cdots+(50+51)$，从而得到 5050，这一计算方法也是极其对称的，上述对称的概念已经从几何图形的翻折中提升出来。

这使我想起特级教师孙维刚先生在谈到对称的哲理时引用的一段话："不过，其中最重要的是广义对称的观点，1988 年，我看到 70 年代毛泽东会见李政道时问道，你的观点核心是对称，这是为什么？李政道先生把一张纸放在桌子上，把一支笔放在上面，用手一推，笔向前滚去，他又把笔向相反方向再推，笔滚了回来。然后，李政道对毛泽东说：这就是一个对称，来和去，是一个对称。我所谓的对称就是平衡，它是指世界上的一切事物都处在它该处的位置上。"①

2. 在对偶命题中提升对称之意

在数学里，我们把某些具有关联或对立的概念视为对称，就是所谓的"对偶"，称相关联或对立的概念为对偶元素。与语文修辞里的"对偶"相比，其相似之处在于它们都有表达形式上的整齐和谐及内容上的相互映衬，具有独特的艺术效果。数论中的质数与合数，常见的几对运算，如＋与－、×与÷、指数与对数、微分与积分都可视为对偶关系。复数与共轭复数、矩阵与逆矩阵、正定理与逆定理、否定理与逆否定理等也存在"对偶关系。"对偶"可分为：数学形式和结构的对偶性（如＋与－）、数学命题关系中的对偶性（如正定理与逆定理）、数学方法中的对偶原理方法（如射影几何）。"对偶"是数学对称美的自然表现，是对称概念的拓广。我们再以平面几何中的例子说明"对偶"。在平面几何里，我们说"一点在一直线上"，这件事也可以换成另外一种说法："一直线通过一点。"这里，"点"与"直线"两个名词相互交换了一下位置。这样的两个命题，在几何学上称为"自行对偶"命题，"点"与"直线"称为对偶元素。在几何学里，关于位置关系的命题还有很多，例如，"两点在一直线上"与"两直线交于一点"，这是两种

---

① 孙维刚. 谈全班 55％怎样考上北大考上清华. 长春：北方妇女儿童出版社，2000.

不同的位置关系，只要把"点"换成"直线"，"直线"换成"点"，再把关系词适当改变一下，就可以由前面一种关系得出后面一种关系。这样的两个命题，在几何学中称为"互为对偶"命题。因此，选定数学命题中的两个或两个以上的数学元素，交换或轮换它们的位置，再改变关系词，就得到新的命题，称为原命题的对偶命题。

3. 变中有不变看对称

对称的直观表现即图形部分重叠或规则变化，亦即图形在适当变化位置后产生不变性，用数学语言描述便是：对象在某种变换下的不变性。对称的核心观念就是变化中的不变性。我们已经认识了四种变换：平移变换、对称变换、旋转变换、相似变换（位似变换），前面三种变换属于刚体变换，这三种变换有一个共同特点，即图形在这三种变换下其形状和大小保持不变，仅位置发生变化，这三种变换都有着变中的不变性，广义上把这三种变换称作"对称变换"。如果进一步提升就是近代数学创立了关于对称性的数学理论——群论。

在群论中，对称性广泛存在。例如：$x^2 + y^2 + z^2$ 是具有对称性质的代数式，由于 x，y，z 之间的地位是均等的，三个变元扮演的角色完全一致。但是 $xy + zt$ 仅存在部分对称，如以下变换：x 换为 x 自己，y 换成 z，z 换成 y，t 换成 t 自己，那么 $xy + zt$ 按照上述变换就成为 $xz + yt$，不再保持原代数式不变。容易看到，我们作以下变换：x 换为 t，y 换为 z，z 换为 y，t 换为 x，那么变换以后和原式相等。这里使代数式 $xy + zt$ 保持不变（当然允许使用运算规则 $a + b = b + a$ 和 $ab = ba$），其中恰有以下 8 种，为了使变换写法变得清晰可以用以下表示方法：

$$\begin{pmatrix} x\,y\,z\,t \\ x\,y\,z\,t \end{pmatrix} \begin{pmatrix} x\,y\,z\,t \\ y\,x\,z\,t \end{pmatrix} \begin{pmatrix} x\,y\,z\,t \\ x\,y\,t\,z \end{pmatrix} \begin{pmatrix} x\,y\,z\,t \\ y\,x\,t\,z \end{pmatrix} \begin{pmatrix} x\,y\,z\,t \\ z\,t\,x\,y \end{pmatrix} \begin{pmatrix} x\,y\,z\,t \\ z\,t\,y\,x \end{pmatrix} \begin{pmatrix} x\,y\,z\,t \\ t\,z\,x\,y \end{pmatrix} \begin{pmatrix} x\,y\,z\,t \\ t\,z\,y\,x \end{pmatrix}$$

其中最后一个变换就是 x 换为 t，y 换为 z，z 换为 y，t 换为 x。如果这样比较抽象，我们可以换一种熟悉的描述，把代数式 $xy + zt$ 和正方形联系起来考虑，如下图所示：

$\begin{pmatrix} x\,y\,z\,t \\ y\,x\,z\,t \end{pmatrix}$ 就是以 zt 为对角线，x 点和 y 点关于 zt 对角线对称得到，

$\begin{pmatrix} x\,y\,z\,t \\ z\,t\,y\,x \end{pmatrix}$ 的变换相当于以正方的中心为旋转中心，逆时针旋转 90 度。通过这个例子可以发现，轴对称和旋转变换很好地统一在一起。把一个运动理解为平面或空间到自身的一个变换，它把任意两个点变换到等距离的另两个点，叫做全等变换。我们可以通过一个运动把其中一个图形全等转换为另一个，于是全等等于一个图形自身变换的全体，叫做这个图形的对称群。

在等边三角形、正方形和正五边形中，所有属于对称群的运动都必须保持其中心不动，同时置换其顶点。而通过顶点的置换也足以确定一个运动。在三角形中，所有 6 个置换都确定运动，而在正方形中，在总共 24 个置换中，只有 8 个确定运动，即四个轮换，分别导致旋转 0°、90°、180°、360° 和另外的四个变换，它们分别为四个对称的对称变换。

对称的性质是什么？对称就是变换中保持不变的东西。从代数式变换中保持不变出发，由代数变换想到几何图形中轴对称变换和旋转变换，进而把这两种变换统一成一种表示方法即矩阵表示法。"对称变换，变而不变。"所谓变，是因为它把某个图形或其某一部分转换到了一个新的位置；所谓不变，是指在变化中，被转换部分的内部结构未变，与其他对象的非方位关系未变。正是变重构了对象的相互位置关系，优化配置了资源条件；正是不变，保留了非方位关系，得以在新的环境下对原对象进行等价研究。变是手段，不变是目的。

4．用对称思想解题

在解题过程中，也应该表现出对称地处理具有对称性的问题，对称的思想能不能内化为思想的一部分，就看有没有对称地解决对称性的问题。

例 1　两人做游戏，轮流在小方桌上摆放纸牌（纸牌数量足够），每次放一张，不得相互覆盖，若一方无处落牌则告失败。若两人都是高手，问：是先放者胜还是后放者胜？如何放才能一定取胜？

解析：考虑到桌面及纸牌的对称性，把问题特殊化、极端化。如果小方桌小到只能放下一张纸牌，那么先放者必然获胜。再将问题一般化，先放者按以下方法摆放，则一定取胜：首先将一张纸牌放于桌面中心，以后每次都将纸牌放于对方所放纸牌关于桌面中心对称的位置，只要后放者能放，则先放者总有空可放，因为桌面和纸牌的面积有限，经有限次摆放后即可摆满桌

面，最后先放者比后放者多放一张纸牌，故先放者胜。

例 2 在有理数范围内分解因式：$a^3+b^3+c^3-3abc$。

解析： 对于中学生而言，这道题不太容易，因为用到的方法"借助余式定理"、"换元法"或"待定系数法"等都是超纲的。如果用对称思想分析，一切就迎刃而解了。

如果三次齐次式 $a^3+b^3+c^3-3abc$ 可以分解，那么两个因式应该是一个一次式，一个二次式，或者三个一次式。由于这三个一次式中的任意两个乘起来得一个二次式，所以可以认为，若原式能分解，必定是一个一次式与一个二次式相乘的形式，形如：(　　　)(　　　)。这里第一个括号内是一次式，它应该是什么样子呢？由于从原式看出 a，b，c 应该是对称的，即第一个括号内应该是 $a+b+c$，从还原角度看，第二个括号内应有" $+a^2$"，由于对称应该同时有" $+b^2$"和" $+c^2$"。这时，第二个括号内就出现了 $a^2+b^2+c^2$。

但从还原角度看，出不来" $-3abc$"的负号，因此，第二个括号前 3 项之后，应出现负项，先考虑这"负项"是二次项，写出" $-ab$"。由于 a，b，c 的对称性，必须还有" $-bc$"及" $-ca$"，这样便得到 $(a+b+c)(a^2+b^2+c^2-ab-bc-ac)$，对不对呢？把它乘开，能还原回去，说明分解正确！$a^3+b^3+c^3-3abc=(a+b+c)(a^2+b^2+c^2-ab-bc-ac)$。

例 3 在线段 AB 上任取三点 x_1，x_2，x_3，求 x_2 位于 x_1 与 x_3 之间的概率。

解析： 首先选取合适的样本空间，使所求样本点与其他样本点在该样本空间中的地位相同。由于 x_1，x_2，x_3 三点在线段 AB 上的位置关系只有三种："x_1 位于 x_2 与 x_3 之间"，"x_2 位于 x_1 与 x_3 之间"，"x_3 位于 x_1 与 x_2 之间"，将它们分别用 A_1，A_2 和 A_3 表示，由 x_1，x_2，x_3 三点的任意性，显然有三个事件发生的可能性相同，因此 $P(A_1)=P(A_2)=P(A_3)$，而且 $P(A_1)+P(A_2)+P(A_3)=1$，所以 $P(A_2)=\dfrac{1}{3}$。

以上我们给出了游戏操作以及代数、几何及概率中用对称解题的例子，旨在说明对称思想已渗透到学科中，用对称的方法解题可能出奇制胜。

5. 对称蕴含在传统文化中

传统建筑的四合院的大门口摆设着左青龙，右白虎，进入正厅的会客室，我们可以发现椅子、茶几等的摆放数量和位置都是左右均等的。大厅挂着一副对联。如果说这里的对称还带有几何图形中形的对称，那么在结婚办喜事时要贴双喜字,"囍"字恰恰反映了中国的传统婚姻观——门当户对,郎才女貌。此时对称从形的观念中超越出来,进而变成一种指导婚姻大事的准则,这种准则不但在古代中国,在欧洲的封建社会也是如此。

其次是古人喜欢把对称的思想用于他们的制造物中,精美的茶几、建筑物和丝织品的花纹等,都以图案的对称性为主旋律。它对人类的审美意念产生了重大影响,中世纪的美学家把对称理解为美,将对称与完整、和谐相关联。

特别有意思的是,古代文人在一些茶杯上写上如"心明目清"、"不可一日无此君"、"清心也可以"等。如"心明目清",不管你如何转动杯子,都会出现"明目清心、目清心明、清心明目"中的一种,但每一种都表达同样的意思,即"心明目清"。从中我们可以理解对称的本质"变中的不变"性,变化的是空间位置和岁月的流趟,不变的是人对茶的心情,茶对人的一种飘逸和情致。其实变化中的不变性,在中国古代 2500 年前诗歌总集的《诗经》中就有往复颂唱,颂词虽然微变但表达不变的主题和感情。如《关雎》:

关关雎鸠,在河之洲。窈窕淑女,君子好逑。

参差荇菜,左右流之。窈窕淑女,寤寐求之。

求之不得,寤寐思服。悠哉悠哉,辗转反侧。

参差荇菜,左右采之。窈窕淑女,琴瑟友之。

参差荇菜,左右芼之。窈窕淑女,钟鼓乐之。

又如,在书法和古代山水画作品中,要考虑作品的整体布局是否平衡、和谐。如书法作品中每一竖行,均是对称的,以竖行的中间线为对称轴,字与字遥相呼应,一左一右,忽前忽后,墨汁的浓与淡,字与字之间的疏密构成了对称,整幅作品既考虑落款和出处,又考虑整体是否端庄、典雅。

6. 对称的手法蕴含在文学和小说中

上至帝王下至平民的起居都蕴含着对称的思想,在司马迁的《史记》中,对称美的艺术手法表现尤为突出。在《廉颇蔺相如列传》中,秦王恃强骄横,赵王卑怯惶恐:蔺相如与廉颇一相一将,文武相对,一个才思过人、能言善辩,一个襟怀坦白、英勇忠诚。这些不同性格的形象对称出现,既反映了当时错综复杂的社会生活斗争,也表现了人物不同的思想个性,读来感到真实可信。在渑池之会故事中,秦王令赵王鼓瑟后,即令秦史所记:某年月日,秦王与赵王会饮,令赵王鼓瑟。对称出现的是蔺相如为君雪耻,逼秦王出击,使赵史所记:某年月日,秦王与赵王会饮,秦王为赵王出击。之后，秦将怒吼：请以赵十五城为秦王寿，蔺相如所对之以"请以秦之咸阳为赵王寿，语言对称，秦赵胜负莫属。如果说《廉》文以赵王为对称轴，那么就可以看到以相将为对称的两侧人物结构。如果以"渑池之会"为对称轴，就可以看到，完璧归赵与"将相交欢"的两侧对称的故事结构。完璧归赵主要显示蔺相如的机智勇敢，"将相交欢"主要显示廉颇负荆请罪，勇于认错的优良品质。而"渑池之会"则显示出将相共同为国雪耻的品德。在《鸿门宴》里，对称美已不单是两侧对称，而是辐射对称了，以项羽和刘邦为两个中点出现了三组对称面：谋士是范增对张良，武士是项庄对范樊，内奸是项伯对曹无伤。这些对称点和对称面上的人物，从性格上又表现出了两侧对称性，同是大王，刘邦奸诈世故，项羽则刚愎自用；同是谋士，张良宽厚祥和，范增冷酷残忍；同是武士，范樊临危不惧、大义凛然，项庄则麻木迟钝、优柔寡断。这些对称排出的人物，对故事情节的发展又起到了推波助澜的作用：由于曹无伤的告密，燃起了项羽明日即战的怒火，而项伯的夜奔传情，又化干戈为玉帛，一夜之间，大起大落，波澜壮阔，引出了剑拔弩张的鸿门宴。既而，范增设计，项庄舞剑，意在沛公。而项伯挺出又化险为夷，将一个刀光剑影的鸿门宴写得有起有伏，有声有色，扣人心弦，引人入胜，既增长了人们对生活的认识，又充分给人以对称美的享受。掌握对称这种形式美的法则，可以帮助人们通过艺术作品的鉴赏，提高对现实生活的审美能力，对文学创作具有重要的作用。

7. 对称在其他学科中的应用

对称和守恒之间的关系更为密切。对称是变换中的不变性，守恒也是一种不变性。

对称美，美在它反映了事物的秩序、简洁、完整以及由此及彼的联系，美在它表现了运动中的稳定性与对立中的统一。运用对称的美学方法于科学研究，曾导致重大发现。例如，英国著名物理学家狄拉克认为他的科学发现，都得益于对数学对称美的追求。这个在理论物理方面拥有一系列成果的著名物理学家说："我没有试图直接解决某个物理问题，只是试图寻求某种优美的数学。"1927 年，狄拉克对于相对论中电子波动方程的探讨，开始时完全出于对数学形式对称美的追求，他在回忆当年的探索动机时说："由此所得到的电子的波动方程被证明是非常成功的，它导出了自旋和磁矩的正确性，这完全出乎意料，这个工作完全来自于对美妙数学的探索，丝毫也没想过要给出电子的这种物理性质。"狄拉克出于数学上的对称美的考虑，于

1931 年大胆地提出了反物质的假说，认为真空中的反电子就是正电子。1932 年，美国物理学家安德逊在宇宙线中发现了正电子，使得狄拉克假说从数学形式的美变成了物理世界的真。狄拉克还从数学对称美的角度出发，提出了磁单极子的假说，他说："美妙数学的另一个例子导致磁单极子的概念，在我做这件事时，本想对精细结构常数作出某种解释，但失败了，数学执拗地引向了磁单极子，从理论观点来看，由于数学的美，我们应该设想磁单极子的存在。"对数学对称美的追求是狄拉克一生科学活动的内在驱动力之一，他认为："如果物理方程在数学上不美，那就标志着一种不足，意味着有缺陷，需要改进，有时候，数学美比与实验相符更重要，因为数学美反映了基本的自然规律，而与实验是否相符可能与一些细节有关。"狄拉克的这段话具有十分重要的意义，这里的数学美主要是指数学形式的对称美。

对称性引导科学发现的问题被杨振宁称作是七八十年代基本物理学占统治地位的主题，恐怕它也是 90 年代和 21 世纪的主题。他把对称性的考虑与相互作用的关系归结为"对称性支配相互作用"。[1] 他解释说，爱因斯坦不是从实验上已被证实了的麦克斯韦方程组出发，去追问这些方程组的对称性是什么，而是倒过来，从对称性出发去问方程组应怎样。这将对探索未知的物理规律和寻求未知的运动方程提供重要的线索，当然是很有意义的。

上述我们谈到对称在物理中的应用，那么近现代的化学和矿物学家从对称性上把晶体划分为晶系和对称类型。在结晶学中，科学家根据对称元素和对称操作将空间对称分为许多种。把空间对称分为旋转、反映、倒反、旋转倒反、螺旋轴、滑移面等对称类型，它们代表了空间对称的各种形式。生物学家发现和研究了低等生物的辐射对称和高等生物的两侧对称。

8. 非对称之美

请欣赏著名画家吴冠中的画"对称乎，未必，且看柳与影"，对称中的不对称也是一种美，在现实生活中，非对称是常见的，如战争、父子、母女等是不对称的，人生不可能是尽善尽美的。我们也很难找到一朵花是完美无缺的。虽然人体总的来说左右对称，可是这种对称远不是完全的。每个左右手的粗细不一样，一只眼睛比另一只眼睛更大或更圆，耳垂的形状也不同。最明显地就是每个人只有一个心脏，通常都在靠左的位置（当然也有极少数

人的心脏在右侧）。①

图 1 "对称乎，未必，且看柳与影"——吴冠中的画

对称是美的，非对称则是另一种美，和谐之美抑或悲凉之美。日常生活中我们会有意地打破对称，艺术家有时也会极力地创造出不对称的图像和物体，可是仍然给人以和谐与平衡的美感。我们以仰韶文化的一个陪葬用的器皿为例，这也许算是最古老的实物之一。这件看起来似乎工整的器皿其实并不对称。除了明显的不太完美的反射对称外，器皿的底部也是不对称的（图2）。

图 2

① 季理真. 对称在艺术与科学中的作用. 数学与数学人，2007（3）.

建于 1145 年的法国沙特尔大教堂。教堂在塔楼以下的部分是反射对称的。同样在局部上也有许多的对称，如中间的窗子是旋转对称的。试想一下，如果塔楼也是对称的，那么这座教堂看起来也许就没有现在这么吸引人了。许多人也许会有这样的共识：脸上如果有一颗美人痣，那么会让眼前一亮，可是如果有两颗对称的美人痣，肯定会让人觉得很不舒服。

图 3 所示的是一幅公元前的埃及壁画，其中人的政治地位不同，他们的图像的大小是不对称的，越高贵的人所占的比例越大，反之越小。

图 3

破缺对称的另一个例子是如图 4 所示的断臂维纳斯之美，不对称或破缺的对称更显艺术之绝。

图 4

　　文学中伟大的悲剧震撼人心之美也是非对称或破缺，雨果笔下《巴黎圣母院》中的吉卜赛女郎，不仅面貌美，灵魂也美，但地位显赫又有着英俊外表的高级僧侣和卫队长有着一颗丑恶的心灵。相反，一位敲钟人是既聋哑又奇丑却有着一颗美丽的心构成了非对称震撼之美。又如莎士比亚笔下的《哈姆雷特》是一出人文悲剧。丹麦王子哈姆雷特的父王被叔父杀害，父王的灵魂要求他报仇，他单枪匹马与黑暗势力较量，寡不敌众，最后失败。剧中打破了对称，构成了死亡的悲剧。《三国演义》是一部悲剧性的小说，写的是失败的英雄故事。全篇由刘备、关羽、张飞桃园三结义开始，三人立志扫平群雄，匡扶汉室。他们达到了部分目标，建立了蜀汉政权，三分天下有其一，是小说的高潮，构成权立的对称。但不等他们达到最终目标，死神先后夺去了他们三人的生命。"出师未捷身先死，长使英雄泪满襟。"每当读到关羽走麦城、刘备托孤时，往往叹息，不忍再看下去，这是因为太凄凉、太悲惨，三权分立的对称格局被打破，成了悲壮非对称之美。

第二章

完美的数学——数是世界的本质之一

东西方文化中的"数"

今天我们生活在"数字化"时代，这里的"数字"已不再是具体的数目，而是那些支配着一切现代科学技术产品的核心部分，想要真正意识到并理解这种数字化生存，必须了解西方的数学文化传统，知道这种生存状态的根源在于西方文化对形式化的追问，在于抽象理论思维的建立。这一切和毕达哥拉斯学派开启西方形而上学的源端有很大的关系。毕达哥拉斯学派提出"数是万物的本原"学说，并把数字神秘化。毕达哥拉斯学派后继的追随者莱布尼兹是现代电子计算机"二进制"的创始人，极其推崇东方古老文化的《易经》，在中国古人的心目中，世界是由"象"与"数"构成的，"象"与"数"不仅是古人认知世界的语言，也是探赜索隐的一种思维方式。《易经》是五经之首，一直影响着后世的中国文化，即使在当下很多词汇如心中有数、九五至尊、三羊开泰、七上八下、不三不四等还流淌着他的思想。在遥远的东方中国和西方的古希腊对"数"是如何认识的？又赋予"数"哪些意义呢？本文试图加以探讨。

一、东方文化中的"数字"

我国商代甲骨文"数"的写法，看起来像手在木棍上打结。"数"者结绳而记乃数的最初之意，到后来《易经》中讲象数，"所谓象数之学，初视之似为一大堆迷信，然其用意，亦在于对宇宙及其中各方面之事物，作一有系统的解释。"西方文化所蕴含的万物皆数，把数提到了一个很高的高度。相反，东方文化中对数字又是何种解析呢？其实中国传统文化中的数字也是一种内容丰富、涵义博杂的文化符号，一种凝聚着多种观念意识的文化沉淀。传统文化认为数是不断从物事的进化中逐步归纳出来的，从一、二、三到十为止，这十个自然数就是数的完备的标志。《说》中谈到"十，数之具也"。总之对"数"既有深刻的哲理，又有迷信的附会，既有吉祥的寓意，又有不吉的禁忌。历史上中国传统文化对数字的意义是这样的：

"一"——宇宙的本原、开始

《周易》：一为太极。《道德经》："道生一，一生二，二生三，三生万物。"所以"一"最神圣，"一"指的是宇宙初始状态的元气。《道德经》：

"天得一以清，地得一以宁，神得一以灵，谷得一以盈，万物得一以生。""一"是整个宇宙由混沌向有序演化的交汇点，是万物之始，希望之光。日常用语有一元复始、一帆风顺等。

"二"——阴阳二气，万事万物之存在形式

《周易》："易有太极，是生两仪"，具有阴阳对应性质的事物。天地、日月、人鬼、君臣、男女、夫妇、父子、上下、进退、昼夜、生死、吉凶、福祸。

"三"——第一个终极状态

《周易》中天、地、人三才。《道德经》："三生万物。"行礼三让三揖，服表三年为期。夫不孝有三，做事三思而后行。探病要三问，祭祀要三饭。占筮不过三次，强谏不为三番。兵以三军为制，政以三令为节。教以三神为尊，朝以三朝为制。年以三月为季，历以三终为元。天有"三光"（日、月、星），人有"三宝"（精、气、神），空间有"三维"，我国有"三教"（儒、道、佛），还有"三皇"五帝、"三坟"五典、"三令"五申、三阳开泰、三思而行等。在传统文化中，没有一个数像三频率这么高。

"四"——包容天地之数

《周易》："易有太极，生两仪。两仪生四象，四象生八卦。"在中国传统文化中有"四象、四时、四维、四神、四帝"，包容天地四方，体现四平八稳。天下：四海。国境：四陲。周边地区：四方。周边民族：四夷。四方边界：四至或四隅。

"五"——"神秘之数"

五行说："木、火、土、金、水。"在现实生活中，人物：五帝、王霸。学问：五车。音乐：五律、五音。血像：五眼、五宗。生活：五谷、五味。时间：五更。人体：五脏。害虫：五毒。山川：五岳、五镇、五湖。

"六"——周期之数（和三类似）

《周易》：六爻为一卦。天下：六合。政府机构：六部。亲属：六亲。佛教境界：六道。六艺，六韬，六极等。

"七"——令人迷惘的数字

《周易》中三次用到七时都标志着一场噩运的终结。丧葬："七天为一个忌日，到七七四十九天为止。"休妻：七出。另外，七与女性的年龄阶段有关，$7 \times 1 = 7$ 岁属幼儿期，$7 \times 4 = 28$ 岁青年期止，$7 \times 7 = 49$ 岁中年期止，$7 \times 9 = 63$ 岁更年期止。

"八"——神秘之数

如八卦——六十四卦。方位中的"八方"，军事的"八阵"，命理中"八字"，地理中"八极"，成语有八面玲珑、八面威风等。另外，八与男性的年龄阶段有关，8×1=8 属幼儿期，8×4=32 岁青年期止，8×7=56 岁中年期止，8×8=64 岁更年期止。

"九"——吉祥之数

九是最大的天数和最高的阳数。《周易》中乾卦的六爻全称九。中国人崇拜"九"：故宫大门纵横九颗铜星，皇帝九龙袍，九龙壁，"九九归一，侄极而返"。九为天长地久，如九天、九品、九曲、九龙等。大禹将天下分为九州，并以九鼎作为国家的象征。皇家大量使用九和九的倍数。"九霄云外"极高，"九泉之下"极深，"九州方圆"极广。

"十"——满贯之数

《史记》："数始于一，终于十。"吉数："齐全、完备。""十全十美"周易观点，高潮的反而容易走向反面——"十恶不赦"。

《周易》对数学的影响主要作为义理之书或思想之书而提供了一种哲学思维方式，对人们的数学观、数学思想和数学方法产生了一定的影响，使人的理性发挥作用。

二、西方文化中的"数和数字"

毕达哥拉斯学派提出"数是万物的本原"，与希腊早期自然哲学提出的关于本原的所有学说相比，显示出较高的思辨和超越的特点。何谓本原？简单地说本原就是世界最根本的原因。在西方哲学史上有两种路径：第一种是自然哲学的路径，第二种是形而上学的路径。

自然哲学之父泰勒斯提出"水是万物的本原"，如果在今天，有人这样解释世界，我们会觉得很幼稚，但在 2000 多年前，这种观点标志着根本性的思想革命。正如著名科学史家在《科学史》里评价的那样："泰勒斯第一次从自然事物中寻找自然的本原，而不再借助于神话的原则来解释世界，他第一次把神抛开，这是人类思想上一个伟大的飞跃。"

自然哲学的路径又可以分为两种追问方式：追问世界到底是从什么东西里面发生出来的，追问它是由什么东西构成的。这两种追问方式虽然在表面上不同，但基本属于同一个路径，即追问世界的质料意义上的开端。追问一个事物是从什么东西里生长出来的，这是一种时间上的回溯；追问一个事物是由什么东西构成的，这是一种空间上的分割。两者都是在追问世界的质料根源。

毕达哥拉斯学派提出"数是万物的本原"，实际上已经用抽象的方法来取代自然哲学的还原方法，已经开创了一条运用抽象思维来把握事物本质的哲学道路。但"数"是什么呢？无论把万物从空间上还原还是从时间上还原都无法找到一个叫"数"的东西。然而又不能否认，世上任何事物都具有数的规定性，都受到数量关系的制约。从这个意义上说，毕达哥拉斯学派提出"数是万物的本原"，一下就把哲学提高了很多，把眼光投向了现象背后的本质或形式上面。当然，这种抽象思维在毕达哥拉斯学派那里还远远没有达到纯粹的程度，数也并没有完全摆脱形，还与几何学联系在一起。

毕达哥拉斯学派提出"数是万物的本原"的学说理由如下：

第一，"一切事物的性质都可以被归结为数的规定性"[①]。"在数目中可以发现许多与存在事物以及自然中所产生的事物相似的特点，比在火、土或水中找到的更多。"[②] 就是说，数比物理属性更加普遍，一个事物可以缺乏某一物理属性，却不能没有数的规定性。因此，适用于万物本原不是具有某种物理属性的物质形态（水、气、火），而是数。毕达哥拉斯学派理解的数学规定性，大致可分为三类：

第一类，数字的比例关系。在毕达哥拉斯看来，数学的一切理念都应该是美的，不仅如此，音乐的美也建立在数的基础上。在古希腊，音乐主要是乐器伴奏的单声部乐，如齐唱。直到毕达哥拉斯时代，音乐才成为一门独立的艺术，今天我们熟悉的术语都是从希腊语来的。毕达哥拉斯擅长演奏的乐器是里拉琴，他是最早把音乐用于教育的人。在他心中，宇宙是一个庞大的乐队，每颗星都是一个富于智慧的灵魂、一个神、一个数、一把乐器。

第二类，数字中的对立关系，最基本的原则是从奇数与偶数的对立中引申出来的十对基本的对立范畴，如：有限和无限，奇数和偶数，一和多，直和曲，正方形和长方形，左与右，阴与阳，静与动，明与暗，善与恶。[③]

第三类，把数神秘化，把数说成在事物背后起作用，决定着事物性质的某种抽象物。1是一切数的源泉，是阳性中的至高者——阿波罗。2代表意见（因为它摇摆不定）。3代表三维，后来被基督教用来表示三位一体。4是平方数代表正义，同时象征着一年四季和人的四大能力——智性、知识、判

① 冯友兰. 中国哲学史：下册. 上海：华东师范大学出版社，2000.
② 冯友兰. 中国哲学史：下册. 上海：华东师范大学出版社，2000.
③ 赵敦华. 西方哲学简史. 北京：北京大学出版社，2001.

断、感觉。5 是婚姻数，它等于最小的偶数 2 与第一个奇数 3（1 是万物之源，故除外）之和。6 不仅完美，且是神灵的数，古希腊人认为转世的周期是 216 年（6 的 3 次方）。7 不能分解，是处女数。8 象征和谐（因为八度音是谐音）、友谊，正立方体有 8 个面。9 是 10 以内最大的平方数，所以是公正的。10 是前四个数之和，完美又神圣。①

第二，数字先于事物而存在，是构成事物的基本单元。"万物的本原是 1。从 1 产生出 2，2 是从属于 1 的不定的质料，1 则是原因。从完满的 1 与不定的 2 中产生出各种数目；从数产生出点；从点产生出线；从线产生出面；从面产生出体；从体产生出感觉所及的一切形体，产生出四种元素：水、火、土、气，这四种元素以各种不同的方式互相转化，于是创造出有生命的、精神的、球形的世界，以地为中心，地也是球形的，在地面上住着人。还有'对地'，在我们这里是下面的，在'对地'上就是上面。"②

从这种数与形的结合方式出发，毕达哥拉斯学派解决了正五边形和所有可能的五种正多面体的作图问题，并用四大元素——火、气、水、土——以及宇宙依次给正四面体、正六面体、正八面体、正十二面体、正二十面体命名。总之，毕达哥拉斯学派对几何学从经验上升为理论起到了关键性的作用。亚里士多德学派的数学史家欧德缪斯（公元前 4 世纪）曾指出："毕达哥拉斯把自由的科学形式赋予几何学，用纯粹抽象的形式来考察它的原理并且研究具有非物质的、理性的观点的定理，从而改造了几何学，正是他找到了无理数的实质的理论，发现了宇宙图像的结构。"③ 此后，几何概念的建立就不再借助直接测量而以演绎证明为基础，这就使几何建立在逻辑的基础上。

三、东西方文化中"数"的异同

1. 相 同

《易·系辞》曰："《易》有太极，是生两仪。"毕氏学派，也有一生二。毕氏学派所说有限无限等十对范畴，可见有限即中国易学所谓的阳，无限即中国易学所谓之阴。

希腊哲学中多以无限为材料，有限为形式。材料受形式制约，材料按形

① 邓晓芒，赵林. 西方哲学简史. 北京：高等教育出版社，2005.
② 蔡天新. 毕达哥拉斯. 数学通报，2008（6）.
③ 北京大学哲学教研室. 西方哲学原著选读：上册. 北京：商务印书馆，1981.

式组成事物。中国文化中也有阳施阴受。

希腊哲学中数是事物背后现象的规定，即量的规定性。然中国文化中"讲《易》者，渐以为先有数，后有象，最后有物。此点汉人尚未明言，至宋儒明言之，故所谓象数之学，发达于汉，而大成于宋"①。中国古代的"万物皆数"是经过不断迷茫和疑惑，经过民族文化的整体思维和全息思想而形成并巩固下来的，成为一种影响久远的、很普遍的文化思潮。比较明确提出"万物皆数"主张的学者是南宋（1127—1279）的蔡沈和秦九韶。秦九韶曾明确地说："成物莫逃乎数也。是数也，先天地而已存，后天地而已立。盖一而二，二而一者也。"②

毕氏学派以小石子排成各种形式，如：三角数（1，3，6，10，…），平方数（1，4，9，16，…），五角数（1，5，12，22，…），等等，数形结合。中国易学也讲"象"、"数"之学，《易》卦本质上是数学，两个卦画是奇偶二数的象征。而"二数"又以符号的形式构建起象数合一《易》卦。

毕氏学派讲音乐的和谐是由数的比例所决定的，音律的和谐同音节之间的音程具有同样的比例关系；他把这种比例关系运用到天文学中，从而发现不同的天体之间的位置关系与作为谐音之根据的比率是相同的。中国音乐讲五律、五音，如二胡的两根弦，内弦粗外弦细，粗弦声音低，细弦声音高。拉二胡之前要调音，使外弦发出的音比内弦高五度。其实春秋战国时就采用五度相生的方法产生五个音，即宫、商、角、徵、羽。

毕氏学派给"数"以神秘和象征性，如1至10中每一个数字都有意义，同时给其他的自然数命名，如定义亲和数与完美数。所谓完美数是这样一个数，它等于其真因子的和，如6和28，因为6＝1＋2＋3，28＝1＋2＋4＋7＋14。后来的《圣经》也提到，上帝用7天的时间创造了世界（第7天是休息日），而相信地心说的希腊人认为，月亮围绕地球转所需的时间是28天。必须指出的是，迄今为止，还没有人找到哪怕一对奇完美数，当然也没能够否定它的存在。而亲和数是指这样一对数，其中的任意一个是另一个的真因子之和，如220和284。后人为亲和数添加了神秘色彩，使其在魔法术和占星术方面得到应用。《圣经》里也提到，雅各送孪生兄弟以扫220只羊，以示挚爱之情。中国传统文化中对于1至10的每一个数字都予以丰富的内涵，既有深刻的哲理又有迷信的附会，既有吉祥的寓意又有不吉的禁忌。2008

① 转引自：中外数学简史编写组. 外国数学简史. 济南：山东教育出版社，1987.
② 张和平. 苗族民俗数学及其与《周易》的比较研究. 数学教育学报. 2011（4）.

年 8 月 8 日晚上 8 点 8 分 8 秒在北京举行奥运会开幕式，选择一连串的数字 8，在西方文化中 8 象征和谐、友谊，中国文化语境中 8 和发（广东方言）谐音，有吉祥如意。

2. 不 同

毕氏学派给出十对范畴，以下给出平行的两行：

有限	无限
奇	偶
一	多
右	左
静	动
直	曲
光明	黑暗
好	恶
正方	长方

可以发现，在中国传统文化中光明为阳、黑暗为阴，好为阳、恶为阴，有限为阳、无限为阴，等等。但毕氏学派以有限为静，无限为动，则与中国易学中动为阳、静为阴相反。

其次，在中国传统文化中，天文历法和律吕等以《易》中的"数"为本，医学、建筑等无不渗透着易中的思想；但没有把"数"上升到形而上学的层面，后继数学的发展以实用思想为指导，数学仅是为帝王服务的"术"而已。同时开启了模型化的思维方式，如《周易》的系辞中"圣人有以见天下之赜，而拟诸其形容，象其物宜，是故谓之象"。其中之意先观物取象，抽象出一个模拟物，作为自然存在物的化身，使自然之实象转化为人工之拟象，然后数字化，赋予数之魂，象数关系由直接"观象计数"进入"拟象用数"；数字与拟象相结合的表征方式，决定中国古人的思维模式是感性的和直观的，在思维方法上以归纳法为主。相反，在西方，毕氏学派后数学和形而上学紧密联系，毕氏学派把人类的认识水平从感性的经验活动上升到了抽象的理性活动，人类真正开始运用自己的理性的抽象能力概括和提炼自己的感性认识结果。在毕氏的影响下，古希腊人对数学充满了激情。从古希腊人思想的每一个领域里，我们都可以见到对于可测量的比例或数的信仰。他们把这种思想表现在雕塑和绘画艺术中。从此数学作为一种理性思维工具一直影响西方文化的进程。"他们相信，数学是现实世界的本质，宇宙是有序的，能够按照数学方式理性化。"① 这一点从毕氏学派的勾股定理可以看出，埃及人和巴比伦人很早就知道此定理，即如果一个直角三角形的一条直角边是3（3的倍数），另一条直角边是4（4的倍数），那么斜边长是5（5的倍数）。但是他们缺乏希腊人那样的抽象能力，没有把这种几何关系表述为一种具有普遍意义的等式。也就是说，埃及人和巴比伦人已经知道一个直角三角形的三条边之间存在着3，4，5这样的比例关系，但是他们不能将其进一步表述为"直角三角形斜边的平方等于两直角边平方之和"（即 $a^2 + b^2 = c^2$，a，b 为直角边，c 为斜边）这样一个具有普遍性的等式。从中可以看到，抽象思维的重要作用使得数第一次脱离了形而得到独立的表述，从而使代数超越算术。毕氏学派发现勾股定理后，马上陷入困境，数学史上称作第一次数学危机。而在古代中国也很早就发现了无理数，知道了开平方的运算，他们关心的是实用，准确程度是否符合要求。毕氏学派迈不出尴尬的一步是因为他们把数学建立在逻辑的基础上。从中我们可以看出整个西方文化的变迁都伴随着数学的发展，从古希腊的毕达哥拉斯到近代的伽利略和德国的莱布尼茨，一直到现代的弗莱格、伯特兰·罗素和维特根斯坦等人，他们最初都是由毕达哥拉斯学派的数本原说开启。

《易》对数学的影响，主要作为义理或思想之书提供了一种哲学思维方式，这种思维离不开"拟象"的直观，缺乏抽象，更没有对"数"进行"形而上"的提升，对后续人们的数学观、数学思想和数学方法产生了重要影响。

① 张顺燕. 数学的美与理. 北京：北京大学出版社，2004.

从点、线、面谈世界

先欣赏下面几幅图片：

　　从城市宏伟的建筑到乡村简朴的住宅，从四通八达的立交桥到街头巷尾的交通标志，从古老的剪纸艺术到现代的城市雕塑，从自然界形态各异的动植物到美丽的桂林山水。

　　我们离不开一个形的世界。我们生活的这个世界是由许许多多不同形态的物象构成的，包含有自然界的山川日月、各种各样的动植物等，我们知道，几何是研究图形的学科，柏拉图说：最蹩脚的工匠师也要胜于蜜蜂对蜂窝的建筑，因为最蹩脚的工匠师也是"理念"的体现，而现实世界是对"理念"的模仿，数学最接近于理念。数学研究形的世界不同于美术，数学中关注的是它们的形状（如方的、圆的）、大小（如长度、面积、体积）和位置（如相交、平行等），而美术学科关注的是颜色、重量、材料等。

数学的任务是从自然界千姿百态的形象中舍去色泽、重量等，从不同的形象中抽象出相同形状的几何图形。例如，鱼的种类繁多、形体各异，但在共同规律上它逃不了流线型的外表和产生运动的尾鳍。

右图所示的是陕西宝鸡北首岭出土的仰韶文化的半坡类型时期的一细颈瓶，该彩陶瓶上绘有由不同数目小三角纹相叠组成的花纹。这类花纹以其叠垒层数与形式的不同而各具风采，其中主要是由一至四个小三角纹的并列形式依次层层叠垒组成的单元纹饰。多个这样的单元纹饰覆盖于彩陶瓶壁面上，显得奇特且充满了神秘意味。①从陶器上的图案中，可以推出几何图形产生的有趣过程，它体现了由具体到抽象的认识规律。

再如，从建筑物、书本、火柴盒等现实世界的物体中，抽象提取出长方体，长方体最后又还原成基本元素——点、线、面，即由 6 个面、12 条棱、8 个顶点组成。几何学这门学科是研究形的世界，形形色色的世界最后又还原成点、线、面。其实这种还原分解最少的基本元素已经渗透到各门学科，美术中的三原色——红，黄，蓝，自然科学中的分子、原子、夸克等。著名的物理学家诺贝尔获得者李政道对大千世界的构建写了一首小诗：

---

① 蒋书庆."超以象外 数从安出"：从中国古代彩陶花纹看数的起源. 兰州铁道学院学报：社会科学版，1999，18（4）.

　　　　点线面，

　　　　黑　白　灰，

　　　　红　黄　绿。

　　　　最简单的因素，

　　　　营造最复杂的绘画。

　　　　他们结合在一起，

　　　　也不能留恋时光。

　　　　流光、流光，

　　　　流光容易把人抛，

　　　　红了樱桃，

　　　　绿了芭蕉。

　　李政道写道，不管是樱桃、芭蕉抑或美人，都可用最简单的因素，即红、黄、绿和点、线、面描述，但是青山遮不住，毕竟东流去。

　　那么点、线、面之间存在什么关系呢？点动成线，线动成面，面动成体。可见，点是构成图形的基本元素。电视屏幕的画面如果用一个放大镜的眼睛去看，最后看到的无非颗粒，是点组成的图形。有人不禁会问，那这些点又是什么呢？点在欧几里得的《几何原本》中没有定义，点就是点，是没有厚度和体积的思想构造物。构成几何图形的基本元素是点、线、面。任何复杂的形体都可以还原成点、线、面，而线、面、体最后又归结为点。物体本身是不存在点、线、面的，点、线、面是我们的形象思维归结成的一种概念。由此，在这种所谓的概念里形体是由点、线、面构成的，离开了点、线、面，很难想象我们将用怎样的方式构造有形的世界。

　　把大千世界最后还原成点，如同把人最后还原成一堆细胞，使我们觉得了无生机。其实这种还原论或这一在空间上的不断分割是古希腊文明在童年时的"始基"说或"本原"说，是西方文明理性上的最初形态。

　　"万物都产生于水"是西方哲学之父泰勒斯提出的，它的提出标志着人们摆脱了原始宗教、图腾、巫术等世界观，为宇宙论的自然哲学确定了一个基本模式。或许在今天，有人这样解释世界，我们会觉得很幼稚，但在2000多年前的古希腊，这种观点标志着一个根本性的思想革命。泰勒斯摆脱了神话的影响，直接面对自然界本身，从自然事物说明万物的本原，这在人类思想史上是一个伟大的飞跃，而且他把水当作万物的本原，也是因为通过经验的观察，当然也有神话的影响。水所以是万物的始基，是因为一方面水有滋养万物的作用，万物都以湿的东西为养料；另一方面，万物的种子都有潮湿的本性，而水恰恰是潮湿本性的来源。直到现在我们也经常说，水是生命之源。[1]

泰勒斯的学生阿那克西曼德对"水是万物的本原"这一说法很不满意，很多东西很难用水来解释。是否能找出一种比水更加原始的开端，寻找真正的 Beginning。他认为水不是最初的东西，因为水是有形之物，一个有形之物（或有规定性）如何转化成另一个有形之物，每一个有形之物都可以涉及无穷的追问。这种思考是非常深刻的，它涉及事物的规定性。我们说一个东西是某物，那这个物就具有某种规定性，它就不再是其他的东西了。所以任何具体事物，在阿那克西曼德看来，都是有限的或者有定形的，任何一个定形的东西，就不可能再是别的东西了。所以不能用有限之物来解释有限之物，只能用无限之物来解释有限之物。所以只要当你说出一个事物是什么，它就不再是它之外的任何东西了，任何限定同时就是一个否定。这样一来，你就不能从一个有规定的事物产生出另一个有规定性的东西。因此，只有一个没有任何规定性的东西，才有资格成为有规定之物的本原。正因如此，阿那克西曼德认为：万物的本原是"无限"或"无定形"。

阿那克西曼德的"无限"或"无定形"仍然还是某种自然之物，只不过是一个说不出任何规定性的东西罢了，阿那克西曼德所以要把这个没有任何规定性的"无限"或"无定形"作为万物的本原，只是为了从中引出整个有形之物的世界。就此而言，"无限"或"无定形"相当于万物的原始开端，或者相当于混沌。那种混沌状态的世界究竟是什么？说也说不清。当然阿那克西曼德仅仅是从否定性的方面来理解万物的本原，在他看来，任何具有规定性的东西都不足以成为万物的本原。因此只能设立一个无限制的或无规定的东西。"无限"或"无定形"到底是什么？阿那克西曼德自己也说不清楚，而且正因为它说不清，道不明，所以才能成为万物的本原，这就是所谓"道可道，非常道"的奥妙所在。

阿那克西曼德的"无限"或"无定形"是万物的本原，却对"无限"或"无定形"一无所知，这显然是一个矛盾。阿那克西曼德的学生阿那克西米尼对这一说法感到不满。他认为这个说不清道不明的东西就是气，从表面上看阿那克西米尼说万物的本原是气时，他好像比他的老师退步了，他似乎又回到了有限的物质形态中。但仔细思考就会发现阿那克西米尼实际上是向前迈进了一步。因为他的老师阿那克西曼德并没有告诉我们这个"无限"或

---

① 邓晓芒，赵林. 西方哲学简史. 北京：高等教育出版社，2005.

"无定形"究竟是什么？他仅以一种否定的方式表达了这个概念。阿那克西米尼却明确地表示万物的本原是气。这实际上是对"无限"或"无定形"的一种肯定性的说明。气就是一种看不见、摸不着，飘忽不定、恍兮忽兮，比水更加无定形却有着内在规定性的自然物质"气"。因此阿那克西米尼关于气是万物的本原的思想，正是对前面两位思想家所持观点的一种综合。气既是一个表面上无定形的东西，同时又有着内在的规定性。它既可以否定地加以表述，又可以肯定地加以表述。阿那克西米尼的气构成了希腊早期自然哲学发展的否定之否定环节，或者是一个合题。①

阿那克西米尼提出了稀散与凝聚两种运动。他认为气本身具有冷和热两种性质，冷和热的不同作用使得气转变为万事万物，又使万事万物复归于气。具体地说，当冷发生作用时，气开始凝聚，形成风和云，再进一步凝聚就变成了水，水再凝聚就变成了土和石。反过来，当热发生作用时，土就稀散为水，水稀散为气，气稀散为火。这样便把水、火、土、气这几个最基本的元素通过冷、热聚散的方式联系起来。

如果说气受热和稀散就变成火，那么这是否意味着火是一种比气更加稀薄的东西呢？越稀薄的东西，就越具有无定形的特点。从这一意义上说下一个逻辑环节，必定会把火作为万物的本原。果然稍晚出现的爱菲斯学派的哲学家赫拉克利特就明确提出，火是万物的本原。哲学家赫拉克利特我们并不陌生，他有一句名言："人不能两次跨进同一条河流。"也就是说，河水是不断变化的，转瞬之间就是另外一种情景。

凝聚与稀散理论所包含的另一个重要意义具有更加发人深省的启示作用，就是在气与万物的转化过程中，凝聚（浓厚）与稀散（稀薄）的程度决定了事物的性质。用我们今天比较熟悉的话来说，就是量的规定性决定了事物的性质。从火到气，再到水和土（以及相反路线）的转化，是由冷热或者聚散的程度决定的。这里面蕴含着一个非常深刻的思想，即在表面上相互转化的事物背后，有一个不出场的东西在起作用，这个不出场的东西决定着那些出场的东西。在这里，水、火、土、气实际上成了演员，真正决定它们命运的是那个没有出场的导演，即冷、热的聚散程度不同和数量。那个导演真正决定了整个剧情的发展，所以从某种意义上说，那个背后的东西、那种数量关系，才是真正的万物的本原，它决定了万物之间的聚散离合和相互转化。这蕴含了另外一种关于本原的思维路径，希腊形而上的创始者毕达哥拉

---

① 赵林. 西方哲学史讲演录. 北京：高等教育出版社，2010.

斯，正是在这样的思想背景下出现的。

毕达哥拉斯学派提出了"万物皆数"学说，数本说认为，世界上万事万物都是由水、火、土、气四种元素创生的，这四种元素又由体、面、线、点生成，而体、面、线、点的生成又归因于数。因此，数成为万物的本原，也就是说，万物是由数组成的，所以，事物就是数。公元前四世纪的哲学家第欧根尼·拉尔修（公元前400~325）有过一段重要的记载："亚历山大在其《哲学家的师承》中说，他在那些关于毕达哥拉斯的回忆录中发现如下一些信条：万物的本原是单子（monad）或1（unit），由这个单子产生不定的2（dyad or two），不定的2是从属单子的质料，单子是原因，由单子和不定的2产生出各种数目，由各种数目产生出点，由点产生出线，由线产生出平面图形，由平面图形产生出立体图形——由立体图形产生出一切可感觉的物体，产生出可感物体的四种元素——水、火、土、气，这些元素互相交换就完全变成另一些物体，它们的组合产生出有生命的、精神的、球形的世界。"①

这段话比较系统地记载了毕达哥拉斯学派的数本说。从这里可以看出，他们认为：万物（包括物质的和精神的）是由水、火、土、气四种元素生成的，这四种元素是由几何图形（点、线、面、体）演变来的；几何图形是由数产生的，数是由1发展而来的。所以1是万物的本原。他们在用沙子或卵石进行数学研究时，很自然地可以把一粒沙子、一颗卵石看成一个点，并且进一步把它们抽象为1与点的对应。同样，许多沙子或卵石沿一定方向排列，就可以看成一条直线。如果从运动的观点来看，犹如一支粉笔在黑板上沿一定方向的连续运动可以画出一条直线一样，这就是几何学上所说的动点成线。类似地，动线成面，动面成体。这种形体可以是各式各样的，它足以表现世界上一切物体的形状。所以他们认为，1是万物的本原。

从上述古希腊的"始基"说或者"本原"说，可以看到欧几里得在编写《几何原本》之前，古希腊的先贤们对世界是什么给出了不同的理解和解答。一种是从时间上去追述，追述它的开端，一种事物从什么东西里产生出来，这是一种时间上的回溯。另一种是从空间上去追述，追问世界是由什么构成的，这是空间上的一种分割。如毕达哥拉斯稍后的哲学家德谟克利特认为万事万物的本原是"原子（或分子）和虚空"。原子（或分子）的拉丁文是"atom"，是不可分割的意思，也就是分到这个地方为止，简称"分子"。原

---

① 邓晓芒，赵林. 西方哲学简史. 北京：高等教育出版社，2005.

子是什么？原子是整个世界分割的最后单元。数"1"是点，那么点是什么？点同样是一个思想的抽象物，而非黑板上一个具体的可感觉的点。在中国地图上，北京可以用一个点表示，但在北京地图中，北京不再是一个点，点的抽象性和观念性决定点广泛的应用性。《几何原本》中的点、线、面是原始概念，是不加定义的。点动成线，线动成面，面动成体，体就是形形色色的世界。柏拉图学院的门口挂着"不懂几何学不准入内"，不是这个学派研究几何，是学习几何学和哲学都需要纯粹的思辨思维，几何学是一门严谨的系统性的学科，欧几里得恰恰想通过这门严谨的思维来证明柏拉图的"理念世界"，大千世界最后还原成不可分割的点，点是什么，点是 autom，是世界最小的基本单位，"原子"顾名思义，原来分到这个地方为止。柏拉图提出这个世界可分成两个世界：一个是现实世界，另一个是理念世界，现实世界是对理念世界的模仿。可见理念世界更本真。欧几里得却用几何学演绎的方式证明这个理念世界的存在。欧氏几何学成为人类科学空间观的来源、基础。欧氏几何的空间观，体现在它的定义与公理中，简单地说就是"点体自然观"，空间是由点构成的，由点产生线、面、体等各种空间形式。对后世科学观影响很大，如著名的牛顿绝对空间：宇宙中所有的物理现象都发生于三维欧氏空间。而牛顿的时间观与空间观一致，宇宙中不论何处发生的一切事件都按照单一的、有序的序列排列起来。时间也如欧氏几何的由点到线，是均匀的"流"。总之，"点体自然观"影响到科学认为全部实在是由或多或少机械地共同作用的"原子的建筑砖块构成的"。[①] 最简单的因素营造最复杂的世界，不但如此，欧几里得还用公理化的方式证明了构造这个世界的真实性。可见古希腊的先贤们思维的严密及理性的强大。他们要为存在的世界找到一种根据，找到存在的理由。追问世界的本原或为万物找到最后的根据，是爱智慧的表现，是有修养的表现。今天我们重温古希腊先贤们的足迹，学习几何是思想和精神层面的熏陶，正是这种古希腊的理性精神开启了科学，开启了技术繁荣的今天，正是这种学习提升人们的理性。

---

① 李以渝. 深刻影响人类思想的若干数学内容：从数学发展里程碑到人类思想里程碑. 四川工程职业技术学院学报，2010，24（4）.

认 识 笛 卡 儿

一、笛卡儿的生平简介

笛卡儿（Rene Descartes，1596－1650）出生于法国图朗（To-urainc）一个贵族之家，父亲若阿基姆·笛卡儿（Joachim Descartes）是地方议员，母亲娜·布罗沙尔（Jeanne Brochard）1597 年去世，他由保姆照顾长大，深受父亲溺爱。1604 年，笛卡儿 8 岁，被送进一所地方教会学校读书。由于体质虚弱，其父亲与校方商量，特许他每天在床上多睡些时间，直到他想去学校时为止。后来笛卡儿一直保持着这种晚起和躺在床上沉思的习惯。[①]

笛卡儿成年后的经历大致可分为两个阶段。

第一阶段，1613 年从普瓦界大学毕业至 1628 年去荷兰之前，为学习和探索时期。笛卡儿 1613 年进入波瓦蒂埃大学，1616 年毕业，获得法律学学位。由于家庭富有，不需要他开业作律师，同时由于他对经院哲学和神学的反感，便背离家庭的职业传统，开始探索人生之路。他投笔从戎，想借机游历欧洲，开阔眼界。从 1618 年起他离开法国游历欧洲各国，先后到过荷兰、丹麦、德国、瑞士和意大利等国。1618 年他结识了物理学家伊萨克·毕克曼（Isace Beekman）。在毕克曼的鼓励下，笛卡儿开始从事理论数学的研究，这对他后来建立解析几何学产生了很大影响。1620 年笛卡儿在游历德国时，产生了把自然科学及各学科相互协调起来的思想。1625 年到 1628 年笛卡儿回到法国，开始致力于科学研究活动。

第二阶段，1628 年至 1649 年，从 1628 年起，他来到社会比较安定，思想比较自由的荷兰定居。此后他除去法国进行几次短暂的访问外，直到 1649 年没有离开过荷兰。在荷兰长达 20 多年的时间里，笛卡儿对哲学、数学、天文学、物理学、化学和生理学等领域进行了深入的研究，并通过数学家梅森神父与欧洲主要学者保持密切联系。他的主要著作几乎都是在荷兰完成的，这些主要著作有《宇宙论》（1634）、《方法论》（1637）、《形而上学的沉思》（1641）、《哲学原理》（1644）、《论心灵的各种感情》（1649）。1649

[①]　吴琦. 笛卡儿与解析几何学. 数学通讯，2002（23）.

年应瑞典女王克思斯蒂娜的邀请，笛卡儿赴斯德哥尔摩任常驻宫廷哲学家，为瑞典女王授课。由于他身体孱弱，不能适应那里的气候，1650 年初便患肺炎抱病不起，不幸于 1650 年 2 月 11 日病逝，终年 54 岁。1799 年法国大革命后，笛卡儿的骨灰被送到了法国历史博物馆。

二、笛卡儿的哲学

笛卡儿是近代理性主义哲学的开创者，"我思故我在"作为开启近代哲学标志性的哲学命题被广为传颂。"我思故我在"是一个否定性的命题、怀疑的命题。笛卡儿为什么要怀疑和批判一切？"我思故我在"在怀疑之后，会得到哪些事实？"我思故我在"哲学命题的价值何在呢？

1. 笛卡儿为什么要怀疑和批判一切

为什么要怀疑和批判一切，这与笛卡儿成长的时代背景有关，笛卡儿恰好成长在 17 世纪初，在欧洲，16 世纪被誉为信仰时代，一切听从上帝的安排，上帝已经设计好每个人的一生。17 世纪被誉为怀疑和批判时代。笛卡儿在《第一哲学沉思集》（以下简称《沉思》）开始就说："由于很久以来我就感觉到我自从幼年时期就把一大堆错误的见解当作真实接受了过来，而从那时以后我根据一些非常靠不住的原则建立起来的东西都不能不是十分可疑的，是不可靠的，因此我认为，如果我想在科学上建立起某种坚定可靠、经久不变的东西，我就非在我有生之日认真地把我历来信以为真的一切见解统统清除出去，再重新开始不可。"① 由于笛卡儿从小就在拉夫累舍的教会学校学习，一直学了八年多，② 学校里所讲述的当然都是经院哲学。因此，笛卡儿上述所指的"自从幼年时期就把一大堆错误的见解"、"一些非常靠不住的原则建立起来的东西"、"历来信以为真的一切见解"显然是针对经院哲学中旧的知识和认识方法的，他主张人们在认识之前先要把一切过去接受的思想、观念都提到"理性"的面前进行审查。显然经院哲学旧的知识和认识方法成了他怀疑的首要对象。

2. "我思故我在"蕴含的哲学意思

这个命题的首要环节是普遍怀疑。普遍怀疑的目的是为了得到一个不可怀疑的东西，以便作为推论的出发点。所以这种普遍怀疑与古希腊的怀疑主义是不同的：古希腊怀疑主义的基本态度是不作判断，而笛卡儿的怀疑最终

---

① 笛卡儿. 第一哲学沉思集. 庞景仁，译. 北京：商务印书馆出版，1986.

② 于凤梧，等. 欧洲哲学史教程. 福州：福建人民出版社，1983.

是要找到一个不可怀疑的、清楚明白的基础。所谓普遍怀疑，一方面是要对我们所接受的一切知识都要进行怀疑，因为我们从小接受的各种知识都是未经考察的，存在很多问题。未经怀疑和考察的知识是不可靠的，不能作为推论的出发点。这些知识，虽然前人在获得它们的时候是经过独立思考的，但没有经过我们自己的独立思考，所以是无效的。一切都必须经过自己的头脑的批判，即经过理性的批判，确证无疑，才可以被接受。所以，无论是通过传闻得来的知识，还是通过教育得到的知识，都需要统统加以怀疑，从而把那些似是而非的知识怀疑掉。另一方面，对于我们自己也需要进行怀疑。因为，我们的感官经常骗人，感官以为真的东西未必就是真的。我们在睡梦中也可以有活动，如跑、跳之类，但身体没有丝毫移动。那么，我们怎么能够确认现在的行为不是在做梦呢？我们身体的活动是否真实也需要怀疑。对于我们的思想本身也同样需要怀疑，因为在梦里也会有思想活动，甚至在梦中也会考虑这是不是在做梦。我们必须通过怀疑来确认现在的思维活动是否是真实的。① 然而，在进行这些思维活动的时候，尽管被怀疑的对象是不确定的，但这些怀疑活动必定是以一个怀疑者的存在为前提的。我们可以确认，不管是在梦中，还是在现实中，也不管那些被怀疑的对象如何不真实，在这些怀疑活动中必定存在一个思想者，否则就不能进行这些怀疑活动。因此，由这些怀疑活动就可以确定一个无可怀疑的存在者——自我存在者。还可以进一步对这个自我进行怀疑，却同样是怀疑不掉的：我们可以设想没有世界，设想没有我的身体，却无论如何也不能设想我是不存在的，因为我的存在是这一怀疑活动存在的前提。于是通过普遍的怀疑，笛卡儿得到了一个牢固的实体——自我。自我的本性是思维，它与我们的身体完全不同，是不占据空间的，我们不能说思维存在于身体的哪个部位。这个自我是一切思维活动的出发点，是我们观察和认识世界的前提。笛卡儿又进一步推论出物质的存在：我分明感觉到在我之外有一种与我的性质完全不同的事物存在着，它的特性与自我正相反，是占据空间的，这就是物质。这一点是确凿无疑的。那么物质与心灵（自我）是一种什么关系呢？它们是平行关系，我们的身体与我们的心灵互不干涉，各行其道，因为它们是性质完全相异的两种存在，不可能发生相互作用。可是，为什么我们的身体和思维之间的关系如此和谐有序呢？这需要第三个实体来解决，就是上帝。笛卡儿是这样推论的：我分明感觉到我和外部的物质世界都是不完满的，因此一定有一个更加完满的东

---

① 严春友，张春霞. 怎样理解笛卡儿的"我思，故我在". 思想政治课教学，2008（4）.

西存在着。那么这个"完满"的概念是从哪里来的呢？既然我自身是不完满的，从不完满的我中不可能产生出完满的概念。这个概念只能来自我之外的一个更加完满的存在，这就是上帝。物质与思维之间的和谐秩序是由上帝规定的，是心与物之间沟通的桥梁。上帝是世界与自我的创造者，上帝在创世时已经把世界的原理印在了我们心中，我们的心灵因此与肉体和世界是和谐的。笛卡儿的上帝，似乎是出于逻辑上的需要而产生的：我们不能解释的，就归之于上帝。

当然笛卡儿哲学也有不完善的地方，如对旧思想的批判是不彻底的，他并没能抛弃上帝。他认为，上帝一方面把规律建立在自然之中，一方面又把关于这些规律的观念印在人们的心灵中。所以，人们的理性既和自然保持一致，又是"天赋"的。这些梦恰好适于用来向公众证明他的思想的"神启"性，因而它们包含着自然的真理。又如身心如何合一等，等待后继的哲学家来批评和架构。

3. 笛卡儿"怀疑"的目的

从表面上看，笛卡儿"怀疑"的目的是为了得到最终确定不疑的知识。在《沉思》中，他提到想要在科学上建立起某种坚定可靠经久不变的东西，就要对全部旧的见解进行总的清算，清算的方法就是普遍的、彻底的怀疑。他通过普遍的、彻底的怀疑，实现了对旧的见解的总清算，最后终于得到了这一"最清楚明白的原理"，这一"阿基米德支点"，即"我思故我在"。有了这一原理和支点，在他看来，就"有权抱远大的希望了"，即可以以此为前提和出发点，演绎推理出整个知识大厦，就可以像阿基米德所说的那样有了固定的支点就可以撬起地球。由此可见，笛卡儿的怀疑与传统的怀疑派不同，怀疑不是他的目的，怀疑是他用以扫除错误传统偏见的手段。他不是为了怀疑而怀疑，而是为了找到确切的知识而对旧的知识体系进行怀疑，即为了达到不怀疑而进行怀疑，这是笛卡儿显而易见的目的。

笛卡儿的"怀疑"有没有更深层的目的？笛卡儿主张人们在认识之前先要把一切过去接受的思想、观念都提到"理性"的面前进行审查，主张通过普遍怀疑找到"最坚实可靠的出发点"，再由此用演绎推理的全部知识的大厦。稍加分析可知，这实际上是在否定盲从宗教教条，否定教会的权威，是在反对经院哲学宣扬的信仰主义、蒙昧主义，要人们凭借理性独立思考。所以，笛卡儿怀疑的深层目的在于使人们摆脱陈腐的经院哲学的束缚，从而为自然科学的发展扫清道路。

4. 笛卡儿哲学的意义

首先笛卡儿通过"我思故我在"设定了精神性的认识主体的存在，以及认识主体的能力与主体的不可分，强调了认识、学习、思考等一切意志的、理智的、想象的、感觉的活动对于"我"的存在与否的决定性的标准，强调了"我"的精神领域的活动对于"我"的意义和价值。他所提出的怀疑一切，不盲从迷信和直觉（幻觉）的观点，对于我们的学习、研究和创新都具有非常重要的认识论意义。因为科学发现始于问题，问题则由怀疑产生。因此怀疑是创造性思维的开端，怀疑是科学进步的征兆，怀疑精神是科学家最可贵的素质之一，有条理的怀疑主义是现代科学的精神气质之一。只要我们看一看哥白尼、牛顿、达尔文、爱因斯坦等科学家作出科学发现的实例，就不难明白这一点。当然，现代科学研究中真正的怀疑，虽是以否定某种知识和信念的形式出现，但又总是以趋向肯定另一种知识或信念相伴随。关键是我们要有怀疑的意识，提出研究问题过程中怀疑的内容和怀疑的依据，才能使问题在某个层面上有所突破。①

其次，笛卡儿"我思故我在"理论中的"我在"是本质的存在。从西方哲学史上看，柏拉图将这个"存在"归结为"理念"，亚里士多德则视为事物的"形式"，因此，笛卡儿正是继承了西方哲学史本体论的思想，将这一精神内核加入了"我思故我在"的命题之后开启了近代哲学唯理论的先河。② 他作为唯理论的开创者，用"我思故我在"确立了思维对于存在的决定性原则，把人从宗教神学的枷锁中解放出来，促进理性的解放。笛卡儿第一个将人的理性抬到至高无上的地位。在他看来，理性既是获得真理知识的出发点，也是检验知识的真理性的标准。以笛卡儿为代表的法国思想家进一步将理性主义发扬光大，开启了"理性独立"的文化发展时代。同时，笛卡儿用另一种眼光来看待外部世界、身体和其他事物，对事物的思考并不能证明我身体的存在性，即人可以不依赖于肉体而对事物进行思考，即使肉体不存在了，"我"依然可以思考。这种把思维和肉体分开来考虑的思想是其身心二元论体系建立的基础，正是他对这种身心关系的思想最终确立了其二元论的思想体系，而且他对身心分开思考的思想第一次在近代哲学意义上划分

① 封平华. 笛卡儿"我思故我在"的当代学术价值. 河南教育学院学报：哲学社会科学版，2008（4）.

② 笛卡儿. 第一哲学沉思集. 庞景仁，译. 北京：商务印书馆，1986.

了思维与存在。①

三、笛卡儿与解析几何

1. 笛卡儿创立解析几何前的文化背景

社会的变革推动了 17 世纪早期数学的进步。人们在生产实践中积累起古人无法企及的大量经验，给数学提供了丰富的素材。新的生产技术的应用，也带来了许多实际问题，要求数学给予理论上的说明。当时，数学依然是一个几何体系，这个体系的核心是欧氏几何，而欧氏几何虽有严密的公理化逻辑体系，但仅局限于对直线和圆所组成图形的演绎。面对椭圆、抛物线这些新奇图形，欧氏几何力不从心。代数在当时则居于附庸的地位，对此也是一筹莫展。于是促使人们去寻找解决问题的新的数学方法。古希腊阿波罗尼奥斯的圆锥曲线论。已在几何形式上包括了圆锥曲线及方程的几乎全部性质。但他的几何学仅是一种静态几何，既没有把曲线看成一种动点的轨迹，更没有给出它的一般表示方法。新科技成果使人们发现，圆锥曲线不仅是依附在圆锥上的静态曲线，而且与自然界的物体运动密切相关。这使尘封已久的阿波罗尼奥斯研究过的圆锥曲线重新得以重视，人们对运动的研究开始津津乐道。代数虽然一直发展比较缓慢，但法国数学家韦达创立的符号代数率先自觉而系统地运用字母代替数量，带来了代数学理论的重大进步，使代数学从过去以分析解决特殊问题偏重于计算的一个数学分支，转变成一门研究一般类型和方法的学科，也使代数依赖于几何的地位开始逆转。这为由几何曲线建立代数方程并由代数方程来研究几何曲线铺平了道路。②

经过文艺复兴后，数学观和数学方法论也发生了重大变化。欧洲人继承和发展了希腊的数学观，认为数学是研究自然的有力工具，天文学家和物理学家更是把数学当作真理来信仰。哥白尼从原则上与亚里士多德的物理主义数学观划清了界限，为宇宙论的彻底数学化提供了行动纲领；开普勒始终确信，完美的知识总是数学的，几何学是宇宙的基础；伽利略认为，宇宙大自然的奥秘写在一本巨大的书上，这部书是用数学语言写成的，没有数学，人们就将在一个黑暗的迷宫里徒劳地游荡。正是这样的数学观为数学方法论开辟了一条广阔的途径。哥白尼、开普勒把数学应用于天文学，伽利略把数学应用于力学，即是明证。笛卡儿和费马恰恰都幸运地生活在这样一个时代并

---

① 李醒民. 科学的精神与价值. 石家庄：河北教育出版社，2003.

② 李铁安，王青建. 笛卡儿解析几何思想的文化内涵. 自然辩证法通讯，2007（4）.

受惠于这个时代。解析几何也正是在这风调雨顺、生机勃勃的历史区间里结出的智慧硕果。

2. 解析几何的创立

笛卡儿还对宇宙的整体化乃至数学的统一化抱有很强烈的信念。"笛卡儿是第一个杰出的近代哲学家，近代生物学的奠基人，第一流的物理学家，但只偶然地是个数学家。"[①] 他一生并未把更多的时间投入到数学中，但他的数学信念是坚定而深刻的。他总是试图以数学为模型建立哲学和科学方法论，因而他的哲学思想具有鲜明的数学化特征，即从最少的极清晰的概念和不证自明的公理出发，一步一步地推演出其他许多命题，以构成一个知识系统。这种哲学观直接影响了笛卡儿数学思想的形成和发展。

早在古希腊的第一次数学危机时，代数和几何就分离，由于毕氏学派"万物皆数"信仰的危机，导致人们专心于几何的研究。笛卡儿站在方法论的自然哲学的高度，认为希腊人的几何学过于依赖于图形，束缚了人们的想象力。对于当时流行的代数学，他觉得它完全从属于法则和公式，不能成为一门发展智力的科学。因此他提出必须把几何与代数的优点结合起来，建立一门"真正的数学"。笛卡儿的思想核心是：把几何学的问题归结成代数形式的问题，用代数学的方法进行计算、证明，从而达到最终解决几何问题的目的。最能反映这种特点的，归根结底还是那几句名言：一切问题都可归结为数学问题，一切数学问题都可归结为代数问题，一切代数问题都可归结为解方程问题。应该说，这种数学信念是笛卡儿创立解析几何思想的行动指南。在解析几何思想的形成过程中，笛卡儿把这种信念演绎得精彩绝伦。尽管他的名言中关于"一切"的表述显得有些轻率，或者还只是一个美丽的传说。

具体做法是以两个概念为基础，即坐标概念，以及利用坐标方法把由两个未知数组成的任意代数方程看成平面上的一条曲线的概念。

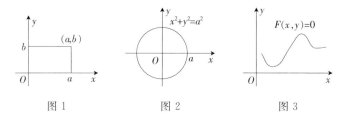

图 1   图 2   图 3

---

① 彭林. 笛卡儿和他的眼镜. 中学数学教学参考，2007（10）.

（1）坐标概念。

在引进坐标系之后，平面上的点 P 可以与一对有序实数 (x, y) 建立一一对应：$P \leftrightarrow (x, y)$，(x, y) 称为该点的坐标。这就实现了平面的算术化，实现了数学史上一次质的飞跃。①

（2）把两个未知数的任意代数方程看成平面上的一条曲线的概念。

如图 4 所示，$y = -3x + 1$ 是一个二元一次不定方程，让 x 动起来取遍所有的实数，那么就有无数个 y 值与之相对应，每一点 (x, y) 动起来就得到一条直线，即过 $(0, 1)$，$(1, -2)$ 的直线。同样 $y = 2x - 4$ 也是一条直线。从形上我们发现两条直线相交于一点 $(1, -2)$，从数的角度是二元一次方程组的公共解。

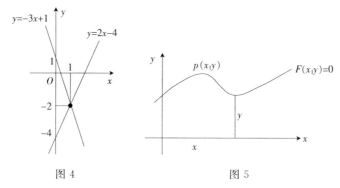

图 4　　　　　　　　　　图 5

即 $\begin{cases} y = 2x - 4 \\ y = -3x + 1 \end{cases}$ $\xleftrightarrow[\text{数的角度}]{\text{形的角度}}$ 两条直线相交于一点。

又如，图 2 所示的 $x^2 + y^2 = a^2 \leftrightarrow$ 圆，中心在原点，半径为 a。一般情况下，$f(x, y) = 0 \leftrightarrow$ 平面曲线（图 3）。两个概念的结合产生了一个新的学科——解析几何。这里，笛卡儿创造性地把变量思想和坐标观念体现到了几何代数化方法中，这也正是曲线与方程概念的雏形。我们可以对笛卡儿形成曲线与方程概念的内隐思路作一个概述：（图 5）认识二元方程 $F(x, y) = 0$；先考察一组解 x 和 y，易知它们是相互依存的；那么让 x 连续地变，则对每一个确定的 x 值，一般来说都可以由方程 $F(x, y) = 0$ 算出 y 值；考虑到数可由线段来描述，则对应的每一组 x，y 可看作描述曲线上点的位置的量，即有序实数对。无数组有序实数对便可以表示曲线上的无数个点，曲线正是由这些点构成的，于是用有序实数对（即方程的解）就可以描述曲

---

① 彭林，笛卡儿和他的眼镜．中学数学教学参考．2007（10）．

线了。这样，二元方程就被赋予了生动的几何意义。如果对笛卡儿这一内隐思路作进一步分析，会发现其中蕴含着一个精致的思维链条：代数方程→方程的解→变量→线段→有序数对→曲线上的点→曲线。

① 思维起点——代数方程；

② 思维指向——代数方程的解；

③ 思维跳跃——让方程的解动起来；

④ 思维提取——形可表示数；

⑤ 思维迁移——借助坐标；

⑥ 思维重组——数又可表示形；

⑦ 思维变向——方程可表示曲线；

⑧ 思维反演——曲线与方程统一。①

笛卡儿引入了变量的思想，使静态的代数方程与几何图形实现了动态的和谐统一。他用代数方法研究几何问题，揭示了数学发展的本质特征和必然趋势，这体现了数学的部分与整体的和谐统一。"曲线与方程"是解析几何的核心概念，"曲线"是宇宙空间形式的客观反映，"方程"是人类智慧的创造发明，曲线与方程统一在一个概念中，这体现了客观世界与主观世界的高度和谐统一。宇宙的空间结构复杂多变，但以几个简单的方程就能描述复杂而多变的曲线，这不仅是对无限丰富和永恒发展着的自然界和谐秩序的一个概括，而且能使人类认识一个新的曲线世界，认识新的宇宙空间变得更加清晰和容易。

3. 解析几何创立的意义

解析几何学是 17 世纪最重要的数学成就之一，是近现代数学的肇始，在数学史上具有划时代的意义。在解析几何学创立之前，数学研究的对象是数与形，代数与几何这两个古老的数。解析几何学的诞生，使运动和变量进入了数学，使数学的内涵和本质发生了根本变化，且变量和坐标的引入，使数与形、代数与几何实现了有机统一，开创了统一数学的里程碑，尤其是直接导致了数学史上最光辉的成就——微积分的产生和近现代数学的发展。

（1）在数学中引入了变量的概念。建立坐标系，把几何曲线和代数方程对应起来，实际上就已用到了变量的概念，方程无非两个变量的关系，几何曲线上的点坐标就是变量在变化过程中所取的值。由于变量的引入，使数学发生了重大的变革，促进了数学与科学的结合，较好地解决了当时科学向数

---

① 李铁安，王青建. 笛卡儿解析几何思想的文化内涵. 自然辩证法通讯，2007（4）.

学提出的问题——主要是与运动有关的问题。近代数学的显著标志是变量和函数引入数学。笛卡儿在几何学中巧妙地引入了变量思想，是他第一个把二元方程 $F(x, y)=0$ 中的 x，y 作为变量来看的（尽管他未使用这个术语），这是由常量数学过渡到变量数学的转折点，将以往数学中无法描述的动态问题以变量的思想得以解决，使数学符号扩充到运动的领域，宣告运动数学新时代的开始，曲线是任何具体代数方程的轨迹的结论对数学的发展具有划时代的意义，从根本上改变了自毕达哥拉斯学派和亚历山大里亚学派以来代数一直是几何的仆从的地位。恩格斯曾指出："数学中的转折点是笛卡儿的变数。有了变数，运动进入了数学，有了变数，辩证法进入了数学，有了变数，微分和积分也就立刻成为必要的了。"牛顿本人也曾说："如果说我所见的比笛卡儿更远些，是因为我站在巨人的肩上的缘故。"笛卡儿的解析几何和牛顿、莱布尼兹的微积分又一同鼓舞了他们之后的数学家，从此，近现代数学蓬勃发展。

（2）带来了认识新空间的需要，帮助人们从现实空间进入虚拟空间，从三维空间进入更高维的空间解析几何中的代数语言具有意想不到的作用，因为它不需要从几何的角度考虑。考虑 $x^2+y^2=25$，我们知道，它是一个圆，圆的完美形状、对称、无终点等存在哪里呢？在方程之中！例如，在几何上 (x, y) 与 $(x, -y)$，$(-x, y)$，$(-x, -y)$ 对称，表现在它们都满足同一个方程。代数取代了几何，思想取代了眼睛！在这个代数方程的性质中，我们能够找出几何中圆的所有性质。这个事实使得数学家们通过几何图形的代数表示，探索出更深层次的概念。我们为什么不能考虑下述方程呢？

$x^2+y^2+z^2+w^2=25$ 以及形如 $x_1^2+x_2^2+x_3^2+x_4^2=25$ 的方程呢？这是一个伟大的进步。仅仅靠类比，就从三维空间进入更高维空间，从现实空间进入虚拟空间，这是何等奇妙的事！

（3）统一性。准确地说，解析几何的创始人笛卡儿首先是一个哲学家，其次是宇宙学家，第三是物理学家，第四是生物学家，第五才是数学家。他认为哲学极为重要，也正是因为他本人对哲学的研究比较多，才能跳出具体问题的束缚，从而站在更高的位置审视数与形的关系，给后世指明一个全新的方向。例如，从阿波罗尼斯的角度看圆锥曲线是一个静态的过程，相反从笛卡儿的角度来看那是一个运动、发展和变化的观点：圆、椭圆、双曲线、抛物线虽然是四种不同的曲线，但都是平面截圆锥得到的曲线，都是平面内到一个定点的距离和到一条定直线（不经过定点）的距离的比值是一个常数的点的轨迹，他们的方程都是关于 x，y 的二次方程，这些都体现了四种圆锥曲线的统一性，笛卡儿是从哲学方法论的高度看问题。法国著名数学家阿达玛（Jacques Hadamard，1865－1963）认为，"数学科学的研究对象的全部概念，发生了彻底变革，直接促成这一变革的是笛卡儿"，并强调，"坐标方法的应用是笛卡儿在几何中真正伟大的发现，不仅把几何上已经定义了的曲线转变成方程，而且，从完全相反的角度看，给越来越复杂的曲线预先下了定义，因此，越来越一般"。

四、笛卡儿教给我们数学方法论

笛卡儿作为哲学家来研究数学，通过研究数学方法总结出几条原则：

（1）承认任何事物是真的，除非它在思想上明白清楚到毫无疑问的程度。

（2）要把困难分成一些小的难点。

（3）由简到繁，仿效进行；要列举并审查推理的步骤，要做得彻底，毫无遗漏的可能。

上述方法对于我们今天的中学生学习数学意义深远，这些有效的思维原则，过去这样，现在这样，将来还是这样。

常量和变量文化意义下的再认识

请欣赏图1，如果我们用学过的诗句描述这幅图片的意境，那么唐朝著名诗人柳宗元的《江雪》："千山鸟飞绝，万径人踪灭；孤舟蓑笠翁，独钓寒江雪"最恰当不过，如果用一个字概括这幅图的世界，那就是至"静"。再看图2，一滴水打破了宁静的世界，给宁静的世界增添了生机。用数学的眼光看那是一圈圈同心圆，圆的周长和面积随着半径的变化而变化，在这个变化过程中，变量是周长（面积）和半径，常量是圆周率π。

图1

图2

下表是多边形的边数和内角和的度数之间的关系：

多边形	三角形	四边形	五边形	…
内角和	180°	360°	540°	…

我们知道，多边形的内角和 $S =（n-2）180°$，从表中可以知道变量是内角和的度数和边长，不变量是2或者180°，但常量2或者180°都不是多边形内角和的本质特征，其不变量外角和360°才是多边形的本质特征，变中之不变。

我们应怎样看待常量和变量呢？有人认为，从常量到变量是数学的进步（当然这个观点本身也没错），用变量的眼光看世界就是进步，以不变的眼光看世界就是历史的退步和落后，其实那是相对而言的，我们更应该认识到在变化的世界中提炼不变的东西，再用不变统领变化，那更是一种境界。例如，不变量圆周率π，世界古代文明从千万个不同的圆中，看到相同的东西，那就是圆周率π，从不同的圆中看到相同的东西，从变化的世界中领悟不变，是一种智慧，更是一种境界。

你看变量和不变量哪一个更本质呢？在这一变化过程中常量才是变化中的核心和本质，如果知道这一点，多边形内角和公式很容易得到（180n－360°）°，理解起来轻松，这是因为每一个顶点处看作一个平角，那么n边形共有n个顶点，由于n边形外角和为360°，因此得到（180n－360）°。如果把正多边形的边数推广到无穷大，那么这个正多边形就是圆，圆的外角和是多少度呢？如果知道这一点，变中之不变，圆的外角和当然就是360°。这个问题中同样有变量和常量，如果用常量的眼光看待变化问题，那么变化问题能看得更清晰、更深刻、更本质。

对于$S=2\pi r$，变量是s和r，常量是2π，如果仅认识到此，总有遗憾，其实人类在认识π的准确值的过程中也是一个变量，中国古代《周髀算经》中π的值是"周三径一"，很明显把π当作3。2000多年前的古人，就对圆周率有这么深刻的认识，从不同的大大小小的圆中看出相同点，得到变中之不变，那是何等的智慧。而后在研究π的准确值的过程中，经历马拉松式的艰难的历程，中国古代数学家祖冲之在刘微（π约等于3.14）的基础上向前到3.1415926和3.1415927之间，得到约率和密率，在那个时代引领世界数学一千年左右。直到16世纪德国数学家鲁道夫把π的近似值算到了小数点后35位，是当时的世界纪录，这位数学家的墓碑文就是π的35位小数，那是他一生的研究。

尽管我们知道它是一个精确到小数点后35位的圆周率值，但并是所有的人都能明白其真正的含义。其实这段墓志铭说明鲁道夫生前的主要工作是从事圆周率的计算，他几乎用了毕生的心血才求得这个值。

当然最终圆满解决π的是德国数学家曼德夫，他在证明尺规作图"化圆为方"不可能的问题中，证明π是一个超越数，为π画上了圆满的句号。在探求π的准确值过程中，这里面有数学家艰难曲折的历程，有成功的喜悦，也有失败的痛苦，可贵的正是从数学家失败的历程中我们学习到一种优秀的品质，那种为了探索数学的真理，用了毕生精力，孜孜不倦的精神鼓舞了一代又一代人。

变量因变化而引起，变化因运动而产生，古人最初理解运动就是从位置的移动去认识，如教科书中经常用这样经典的例子："一辆汽车以70米/秒的速度匀速行驶，行驶路程和时间的关系可以表示为$s=70t$。"在这个关系式中可以知道两个变量s和t存在一定的关系，t的变化引起s的变化，t取一个值，s有一个唯一的对应值和它对应，但这些都不是这个式子伟大的意义所在，在一个背景下，本来两个不同关系的变量，路程的单位是千米，时间的单位是小时，两者相去甚远，风马牛不相及也，居然通过常量 70 把它们联系在一起，70 这个常量只有在这个背景的式子中彰显出意义，当然在现实生活中 70 这样的一个数毫无意义。同样在 $G=mg$ 这个式子中变量是 G 和 m，常量是 $g≈9.8$ 牛/千克，牛顿的伟大意义所在就是发现常量 $g≈9.8$，把两件不同的事情看作同一件事情，在这个关系中通过 $g≈9.8$ 把它们联系起来。

对于运动和静止，自古以来一直就有争论，古希腊哲学家赫拉克利特曾说：人不能同时踏进同一条河流。中国古代的哲学家孔子也曾说：逝者如斯夫，夫未尝往矣。如果把时间比作河水，世界上的人和事都处在流变中，面对宇宙，唐代诗人陈子昂发出这样的感叹："前不见古人，后不见来者，念天地之悠悠，独怆然而涕下。"如果从数学上的变量和常量角度来讲，可以将后一句诗看作数轴，诗人是原点，"古人"和"后人"分别是数轴的负方向和正方向。诗人把人和事等看作变量，人们按照这种变化认识来表现宇宙的真实。

唐朝诗人张若希《春江花月夜》："人生代代无穷已，江月年年望相似。不知江月待何人，但见长江送流水。"诗中的意思是人生一代代没有穷尽，江月一年年始终如一。不知多情的江和月等待何人，只见那长江之水奔腾不息，如果我们从学过的常量和变量的角度谈一谈对诗的理解，你又有何感想呢？

对于世界是变化抑或静止，古代哲人有不同的理解，古希腊哲学家芝诺认为世界是静止的，运动是假象，他为了论证自己的观点，提出了有名的几个悖论，如"阿喀琉斯追不上乌龟"。阿喀琉斯是希腊传说中的大英雄，奥林匹亚竞技会的赛跑冠军，跑得很快，但是芝诺证明，阿喀琉斯追不上乌龟。他是这样证明的：阿喀琉斯在乌龟身后一段距离，然后开始追赶乌龟。他要想追上乌龟，首先必须到达乌龟刚才出发的地方；而当他到达那个地方时，乌龟已经向前爬了一小段。于是阿喀琉斯又必须首先到达乌龟现在所在的那个地方，而这一段时间里乌龟又向前爬了一点。以此类推，阿喀琉斯只能无限地接近乌龟，却永远也追不上乌龟。

芝诺所言似乎是有道理的，但现实生活中阿喀琉斯一定能追上乌龟，问题出在哪里呢？这些问题的共同特点是把空间距离（以及所用时间）无限地往小分割。这个问题在数学上涉及函数、极限和连续性。但 2000 多年前的希腊人，根本就不知道极限理论和数学中的连续与间断性的关系。芝诺这一论证让当时的人晕头转向，不知所然。

为了说明芝诺悖论，我们把上述问题进行特殊化赋值处理，化繁为简，以退为进也是我们数学解题的策略。假设条件：阿喀琉斯行走速度 $v_1 = 10$，乌龟爬行速度 $v_2 = 1$，阿喀琉斯在乌龟后面 $s_0 = OA = 100$，如下图所示：

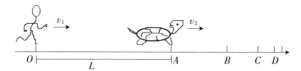

请原谅我们这里的 v_1，v_2 和 s_0 没有给出具体量纲。同时，设 $v_1 = 10\, v_2$ 仅仅是为了方便，而未必是阿喀琉斯与乌龟的真实速度比。

若阿喀琉斯走完 $s_0 = OA = 100$ 时，乌龟向前爬了 $s_1 = AB = 10$；

若阿喀琉斯走完 $s_1 = AB = 10$ 时，乌龟又向前爬了 $s_2 = BC = 1$；

若阿喀琉斯走完 $s_2 = BC = 1$ 时，乌龟再一次向前爬了 $s_3 = CD = 0.1$；

……

即乌龟走的路程

$$S = AB + BC + CD + \cdots$$
$$= 10 + 1 + 0.1 + 0.01 + 0.001 + 0.0001 + \cdots$$

设 $S_0 = 10$，$S_1 = 10 + 1$，$S_2 = 10 + 1 + 0.1$，$S_3 = 10 + 1 + 0.1 + 0.001$，……

我们可以知道，S_i 就是一个变量。

当 i 变得无穷大时，试猜想 $\underset{i \to \infty}{S_i}$ 为多少？

通过设 $x = 10 + 1 + 0.1 + 0.001 + \cdots$，求出 x 的值，这个路程和为一个有限数，即 $100/9$，也就是说 "$0.1 + 0.01 + 0.001 + 0.0001 + \cdots$" 是 0.1 的循环小数，即 $1/9$，S_i 是一个变量，但 $i \to \infty$ 时，S_i 是一个常量，变中之不变，只有数学发展到极限和连续等，有关无限这一悖论才可以彻底解决。

宇宙万物生生不息，人类要探索宇宙的奥秘和大自然的规律，其中之一就是从变化的世界中领会到不变，变量中的常量，变中之不变是科学永远的追求。

第三章

形象的数学——几何学的产生和发展

几何学的产生和发展

一、从实验几何到推理几何

人类历史上的四大文明古国，都有相应的母亲河，如：中国的黄河、长江，埃及的尼罗河，巴比伦的底格里斯河、幼发拉底河，印度的恒河、印度河。数学的起源与早期发展是河谷之神送给远古先民的礼物。

几何一词的拉丁文为 geometry，它的本意为测量土地的技术，geo 意为土地，metry 是测量。古埃及人在尼罗河（世界上最长的河流，自南向北贯穿埃及全境，最后注入地中海）两岸开垦土地，种植庄稼。可是每到雨季，尼罗河便泛滥成灾，汹涌的河水冲毁河堤，淹没了两岸的土地，待洪水退去之后，人们又要重新划定土地、丈量土地。这样人们就需要用到最基础的几何知识——长度、面积的测量与计算。这种说法最早是由古希腊的历史学家希罗多德提出的。他写道："国王把土地作了一次划分，他把同样大小的正方形土地平均分配给所有人，而土地持有者每年向他缴纳租金。如果河水冲毁了某人分得的土地，这个人就可以将此事告知国王，国王就会派人前来调查并测量损失的土地面积，今后的租金就要按照减少后的土地面积来征收。我想正是由于有了这样的做法，埃及才第一次有了几何学，而希腊人又从那里学到了它。"①

———————————

① 王明午．漫谈几何学的发展与应用．丹东师专学报，1996（3）.

对于土地的测量和面积的计算，最终催生了几何学。当时埃及从事土地测量的人员被称为"拉绳者"，他们的工作就是在测量用的绳子上打出等间隔的绳结，从而确定长度。而求面积的方法，最初很可能是工匠在铺设方砖地面的时候学会的。他们发现，一块地面如果是三砖长、三砖宽，就需要铺9块砖（3×3）；另一块地面是三砖长、五砖宽，则需要铺15块砖（3×5）。逐渐地，埃及人就知道了计算正方形和长方形的面积只要用长乘以宽就行了。但问题在于，被河水冲毁后的土地形状很不规则，不能分割成一个个长方形或者正方形，只能把它们分成若干个三角形。怎么办？古埃及人发现，一块正方形的布可以折叠成两块大小相等的三角形布料，每个三角形的面积恰好是正方形面积的一半。从类似的探索中，他们总结出了求三角形面积的方法。

事实上，世界上不仅古埃及对几何学的产生作出了贡献。古巴比伦、古代中国也积累了一定的几何知识。成书于公元前4世纪的中国古代数学书《周髀算经》中包括了丰富的几何知识；墨家经典《墨经》中所包含的几何思想，就其定义确切、立论精辟等方面来说，并不亚于《几何原本》。从几何学的起源来看，无论是古埃及、古巴比伦还是中国古代都没有把几何作为一门独立的学科，而仅仅视其为实用的工具。同时对几何的研究只是停留在经验层面上，有初步的几何上的一些经验公式，没有证明甚或直观推理的想法。另外，长度、面积和体积等度量与计算很容易与代数结合在一起，即几何学的起源具有明显的代数特征。

古埃及和古巴比伦的文明在历史上曾经有一段时期无比辉煌，并且古希腊文明继承了古埃及和古巴比伦文明，古埃及人最早从经验中总结出几何测量规则，但几何学的演绎体系是希腊人构造出来的；古巴比伦人早就开始了天文观察，但天文学的思辨理论是由希腊人提出来的，能从一般的前提进行理性的推理，这是古希腊人的贡献。

希腊人把古埃及和古巴比伦人零碎的经验性几何学知识，运用逻辑推理的方法，把几何学的研究推进到高度系统化、理论化的境界。当然系统化的几何学不是一蹴而就的，这期间经历了几代数学家的努力。[1]

首先意识到要将几何学研究建立在严格基础上的人是古希腊著名数学家泰勒斯。他主张，对几何学的陈述不能凭直觉上的貌似合理就予以接受，相反必须经过严密的逻辑证明。到柏拉图时代，已经明确认识到对几何学知识加以逻辑整理的必要性。他认为科学的任务是发现自然界的结构，并把它在演绎系统里表述出来。

其次是柏拉图（公元前427—前347年）在雅典建立学派，创立学园，他非常重视数学，在学园的门口写上"不懂几何者不准入内"的牌子，并不是他们的学院内开设课程与几何有什么直接联系，其实柏拉图学院的主要课程是社会学、政治学和伦理学之类的课程，他认为一个没有足够数学训练的学生是难以有创造性的。他主张通过几何的学习培养逻辑思维能力，因为几何能给人以强烈的直观印象，将抽象的逻辑规律体现在具体的图形中。

这个学派培养出不少数学家，如欧多克索斯就曾学于柏拉图学园，他创立了比例论，是欧几里得的前驱。柏拉图的学生还有著名学者亚里士多德，也是古希腊大哲学家，是形式逻辑的奠基者。他的逻辑思想为以后几何学体系的建立开辟了道路。当时古希腊盛行辩论，在辩论过程中，亚里士多德发现两个事情需要弄清楚：第一，大家讨论问题得有一个脱离逻辑背景的公认前提；第二，在讨论过程中必须有一个大家都认可的推理办法，然后再来推理，亚里士多德逐个进行了总结，并将其导入《工具论》这本书里。他提出著名的三段论，即大前提、小前提和结论，这个方面他有一个非常重要的推理模式，这个模式之一就是：

（大前提）凡人都会死；

（小前提）苏格拉底是人；

（结论）苏格拉底会死。

这是一种标准三段论的格式，是一种前提和结论之间有必然联系的推理，是基于概念、按照规则进行的一种推理，是由一般到特殊的推理，为今后欧几里得把这个思想成功地用到几何学上，创立公理化体系做了必要的准备。

约在公元前300年左右，希腊几何学已经积累了大量的知识，逻辑理论

---

① 卢翼翔. 希腊几何学的社会文化根源. 自然辩证法通讯，2002（1）.

渐臻成熟。亚历山大城的著名学者欧几里得按照逻辑系统对几何学进行了整理，完成了数学史上最光辉的著作《几何原本》。《几何原本》的问世标志着推理几何学系统化、理论化的成熟。

二、欧几里得和《几何原本》简介

1. 欧几里得的生平

欧几里得大约生于公元前 330 年，卒于公元前 265 年。公元前 337 年左右，马其顿国王二世用武力征服古希腊各城邦，次年亚历山大即位。在很短的时间内，他继承父业，开创了一个横跨欧、亚、非三大陆的马其顿王国，在地中海沿岸的尼罗河三角洲上建立以他的名字命名的城市——亚历山大城，并将其作为这个庞大帝国的文化、商业和工业中心，同时也是科学思想的中心，这儿有称誉世界 70 万卷藏书的图书馆，还有博物馆、天文台和闻名天下的博学园，成为当时欧洲乃至世界数学的中心，欧几里得被亚历山大的后继者——托勒密一世重金聘请到博学园当教师。

欧几里得早年在雅典接受教育，曾就学工作于柏拉图学院，因此熟知古希腊的数学知识，来到亚历山大城后，他以教数学为业，是一个温良敦厚的教育家。同时作为一个数学家，欧几里得面对一大堆杂乱无章的、前人留下来的数学知识，就像断了线的珍珠洒落在地上，令人难以入手。欧几里得深知要使数学得以广泛流传，就必须使这些数学知识条理化、系统化，成为一个完整的理论体系，然而要完成这项宏大的前无古人的工作谈何容易，为此欧几里得付出了艰苦的劳动。[①]

欧几里得做了三件事：首先为数学体系寻找一个理论框架，这就是亚里士多德形式逻辑的演绎体系，它相当于穿珍珠的线，有了它，多种数学公式、定理之内的承接关系通过这一根线按先后顺序串起来。

其次，为了演绎系统的需要，欧几里得十分精细地对所有的数学命题加以分析，确定它们各自的位置，哪些可以放在前面，而放在最前面就相当于数学大厦的地基，其确定性不需证明，称之为公理或公设。哪些放在中间或后面，要靠公理或前面已被证明的命题来证明其正确性，这些称之为定理。概念也被一一加以定义，在定义中出现的概念必须是被定义过的，这样一步步追溯上去，总有一些概念处于这一"逻辑链"的最前面，被称为"原始概念"。完成这一工作需要清晰的头脑、坚强的毅力和有条不紊的工作，这也

---

① 鲍建生. 几何的教育价值与课程目标体系. 教育研究，2000（4）.

是欧几里得数学才华的真正展现。

第三，欧几里得在前人工作的基础上，根据他所构造的数学体系进一步向前推理，得到一些新的定理，充分展现了他的创造性思维能力，经数载辛勤劳动欧几里得的鸿篇巨著《几何原本》终于在公元前 300 年问世。

综上所述，泰勒斯最先提出数学命题须加以演绎证明，在数学上要建立一般的原则和规则；毕达哥拉斯对数学结构进行了最初的探索；柏拉图阐述了数学概念的意义；亚里士多德提出逻辑方法论，创建公理法和数学证明原理；欧几里得则在数学中实现了公理化，《几何原本》奠定了古希腊数学方法论的基础。欧几里得取得的伟大成绩和欧几里得本身非凡的数学才华及数学洞察力是分不开的，因此后人把欧几里得称为"几何学之父"。

2.《几何原本》的内容简介

欧几里得的《几何原本》，有史以来第一次总结了以往希腊人的数学知识，构成了一个标准化的演绎体系。《几何原本》首先列出 23 条定义，以 5 条公设和 5 条公理为基础，然后演绎证明了 467 条定理。现把《几何原本》的公理体系统称为实质公理体系。把从初始概念和初始命题（公理）出发，按一定的逻辑规则，定义出其他相关的概念，推演出其他有关命题（定理）的演绎方法，统称为公理方法。

徐光启通过翻译《几何原本》认识到逻辑演绎方法的重要性，这正是中国传统数学所缺乏的。他推崇用逻辑演绎方法建立起来的欧几里得《几何原本》。他说，《几何原本》"有四不必：不必疑，不必揣，不必试，不必改。有四不可得：欲脱之不可得，欲驳之不可得，欲减之不可得，欲前后更置之不可得。有三至三能：似至晦，实至明，故能以其明明他物之至晦；似至繁，实至简，故能以其简简他物之至繁；似至难，实至易，故能以其易易他物之至难。易生于简，简生于明，综其妙在明而已"。在"四不必"中，"不必揣"是说《几何原本》所讲的道理十分明确、透彻；"不必疑"、"不必试"和"不必改"是讲《几何原本》的论证方法十分有效，结论十分准确；在"四不可得"中，"欲脱之不可得"是《几何原本》所讲的规律有普适性；"欲驳之不可得"是讲《几何原本》的论述十分严密；"欲减之不可得"和"欲前后更置之不可得"是讲《几何原本》的体系十分完整。徐光启的"四不必"观点，实则是把《几何原本》当做绝对真理来看待。从现代观点来看，《几何原本》还存在不严谨和漏洞之处，但与中国传统数学相比，则逻辑严谨、结构清晰。徐光启推崇的《几何原本》的逻辑演绎方法和体系，是有道理的。

欧几里得的《几何原本》是世界上最早的公理化的数学著作，他的伟大历史意义在于是用公理方法建立起演绎体系的最早典范。公设化演绎的思想对后来无论哪一门学科影响都非常深远。欧几里得的"几何原本"被称为数学家的圣经，在数学史乃至人类科学史上具有无与伦比的崇高地位。它在数学上的主要贡献是什么呢？

（1）成功地将零散的数学理论编为一个从基本假定到最复杂结论的整体结构。

（2）对命题作了公理化演绎。从定义、公理、公设出发建立了几何学的逻辑体系，成为其后所有数学的范本。

（3）几个世纪以来，已成为训练逻辑推理的最有力的教育手段。

（4）演绎的思考首先出现在几何学中，而不是在代数学中，使几何具有更加重要的地位。这种状态一直保持到笛卡儿解析几何的诞生。

我们还应当注意到，它的影响远远超出了数学以外，而对整个人类文明都带来了巨大影响。它对人类的贡献不仅在于产生了一些有用的、美妙的定理，更重要的是它孕育了一种理性精神。人类的任何其他创造都不可能像欧几里得的几百条证明那样，显示出这么多的知识都仅仅是靠几条公理推导出来的。这些大量深奥的演绎结果使得希腊人和以后的文明了解到理性的力量，从而增强了他们利用这种才能获得成功的信心。受到这一成就的鼓舞，人们把理性运用于其他领域。神学家、逻辑学家、哲学家、政治家和所有真理的追求者都纷纷仿效欧几里得的模式，来建立他们自己的理论。①

三、当代中学生学习几何学的必要性

千百年来，世界各国都以《几何原本》为基础，编写了各种教材，在初中阶段讲授。其目的在于训练学生的推理能力。用点、线、角、三角形、圆等这些学生容易接受而明确无误的数学对象为载体，训练学生的推理能力，这是一个十分有效的办法。我们不可能用一个国际政治问题、家庭纠纷问题或其他实际问题来训练学生，因为这些问题不仅复杂，而且具有不确定性。当我们鼓励与启发学生独立完成一个几何题目时，实际上就是在培养他们的思考能力与探究精神。一名中学生在工作之后，有可能再也不会遇到一个几何题目，但他从数学课中培养起来的思考能力及推理能力，将伴随他的终生。初中学生学习几何学的目的，不是要学会几何定理的罗列，而是公理化

① 王申怀. 数学证明的教育价值. 课程·教材·教法. 2000 (5).

思维方法能力的培养，那种言必有据，据必有理的理性思维才是文化素质不可缺少的东西，也许学生可能不知道大量几何定理中的绝大部分，但公理化的思维方法应为每一名学生所熟悉和掌握。下面举两个例子说明几何学的必要性。

少年时代的牛顿在剑桥大学附近的夜店里买了一本《几何原本》，开始他认为这本书的内容没有超出常识范围。因而并没有认真地读，而对笛卡儿"坐标几何"很感兴趣所以专心攻读。后来，牛顿于 1664 年 4 月参加特列台奖学金考试的时候遭到落选，当时考官巴罗博士对他说"因为你的几何基础知识太贫乏，无论怎样用功也是不行的"。这席谈话对牛顿的震动很大。于是牛顿又重新把《几何原本》从头到尾地重复进行深入钻研，为以后的科学工作打下了坚实的数学基础。

近代物理学的科学巨星爱因斯坦也精通几何学，并且把几何学的思想方法应用到他的工作中开创自己的研究工作。爱因斯坦在回忆自己曾经走过的道路时，特别提到在他 12 岁的时候读平面几何时的一本小册子，写道："三角形的三条高交于一点，其本身并不是显而易见的，但是可以很可靠地加以证明，已致任何怀疑似乎都不可能，这种明晰性和可靠性给我造成了一种难以形容的印象。"

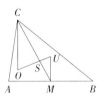

事实上，不仅是三角形的三条高线所在的直线交于一点，三角形中的重要线段，如三条角平分线、三条中线以及三条边上的中垂线，它们都分别交于同一点，特别有意思的是这三条高线的交点为图中的 O 点，三条角平分线的交点为 S 点，三条边上的中垂线的交点为 U 点，无论这个三角形 ABC 的形状如何变化，它们的 O，S，U 三点永远共线，并且可以证明。后人称三角形的垂心（图中 O 点）、重心（图中 S 点）、外心（图中 U 点）所在直线为欧拉线，这是大数学家欧拉第一个发现的。

后来几何学的思想方法对爱因斯坦的研究工作确实有很大的启示，他多次提出在物理学研究工作中，也应当在逻辑上从少数几个所谓公理的基本假定开始。在爱因斯坦的狭义相对论中，他就是运用这种思想方法，把整个理论建立在两条公理上，即相对原理和光速不变原理。

　　然而学习几何并非都像科学家那样轻而易举，有时需要同学们勤奋和耐心。在这方面美国前总统林肯是我们的榜样，戴维、赫伯特、唐纳德（David Herbert Donald）描述过亚布拉罕·林肯的一个故事："林肯像他的大多数同时代人一样，相信思维能力像肌肉一样可以通过严格的锻炼而得到加强……他设法搞到一本欧几里得的《几何原本》并下决心亲自证明其中的一些定理和问题。1860年他无不自豪地说他曾研究并基本掌握了欧几里得《几何原本》的前六卷。"

　　兴趣是最好的老师，学习几何学当然离不开兴趣，而必要的耐心是必不可少的，相传当时托勒密国王对几何学也很感兴趣，自认为以他绝顶聪明的头脑很容易学懂《几何原本》。可事与愿违，他看了《几何原本》后感到难以理解，他想这条艰难的大道是专为凡夫俗子们攀登几何高峰而设计的。对于他这个国王，必会另有捷径，于是就问欧几里得："几何中是否有捷径呢？"不料欧几里得冷冷笑道："几何学只有一条大道，哪有专为你国王单独开辟的小路？"托勒密一世被他当头泼一瓢冷水，大为扫兴。从此"几何无王者之道"成为一句流传千古的名言。

靠什么把握世界

耳听为虚，眼见为实。在现实生活中，许多时候，我们的眼睛也会犯错，没能反映出所看到的事物的真实面目。19 世纪的物理学家和天文学家对于视觉错觉非常有兴趣，因为他们担心视觉观察可能靠不住。构造出许多具有欺骗性的图形以显示眼睛的限度。海姆·冯特（Wilhelm Wundt）是著名生理学家、外科医生，是科学家赫尔曼·冯·尔姆霍兹（Hermann von Helmholtz，1821—1894）的助手，他设计了图 1，尽管竖直线和水平线等长，却会产生前者比后者长的错觉。[①]

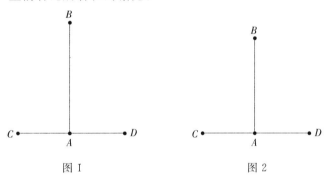

图 1　　　　　　　　　　　图 2

在图 2 中，高度 AB 与宽度 CD 看起来相等，实际上宽度 CD 更长。

图 3 是由弗兰茨·缪勒—吕耶于 1899 年设计的，人们称之为恩斯特·马赫错觉。两段水平线实际上等长。产生错觉是由角和圆造成的。

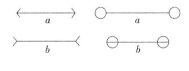

图 3

图 4 显示了受角影响的一个显著的错觉。两个平行四边形的对角线 AB 和 AC 长度相等，但左边的对角线 AB 看起来短很多。

---

①　M. 克莱因. 数学与知识的探求. 刘志勇，译. 上海：复旦大学出版社，2007.

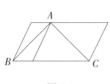

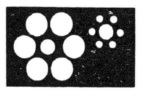

图 4   图 5

在图 5 中，将两个大小完全相同的圆放置在一张图上，其中一个小圆外围绕较大的圆，另一个大圆外围绕较小的圆，则由大圆围绕的圆看起来比围绕小圆的圆要小。

图 6 引起的视幻角叫冯特错觉，两条平行的直线被许多菱形分割后，看起来这两条平行线显得向内弯曲。

图 7 引起的视幻角叫黑林错觉（Hering），看起来两条平行线中间部分显得凸了起来。

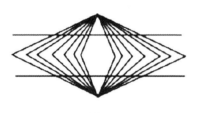

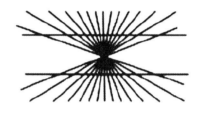

图 6   图 7

一些简单透视也会引起我们的错觉，如图 8 所示，那些人的高度完全相等，但远处的人显得更高些。

图 8   图 9

仔细观察图 9，你会发现这些图画看上去好像在动，显然这是眼睛欺骗了你。

除了上述视角失真外，还有其他的触角，如温度、味觉、听觉、触觉等。如温度触觉，将一只手浸在一盆热水中，另一只浸在冷水中，几分钟后，将两只手同时浸在同一盆温水中，尽管两只手都在温水中，但在热水中浸过的手感到冷，而另一只手感到热。同时味觉也容易受一些错觉的影响，甜饮料尝起来会慢慢变得不那么甜。将浓度很高的糖溶液放在口中几秒钟，然后再尝试淡水，将感到咸味。

我们的感觉容易出错，那么直觉可靠吗？请看下面的例子。

一个年轻人从试用期转为正式员工，在三年一期的签订合同中，老板给出了两套薪水方案。第一种薪水方案是这样的：第一个月 1 千元，第二个 2 千元，第三个月 4 千元，第四个月 8 千元，依此类推，后一个月是前一个月薪水的 2 倍。第二种薪水方案是这样的：第一个月的工资为 1000 元，第二个月的工资为 2000 元，第三个月为 3000 元，以后每一个月比前一个月加薪 1000 元。

面对这两套薪水方案，有许多人会选择第二种方案。运用数学计算更容易明白第一份加薪方案工资更多，因为第一份工资呈几何级数增加，就如棋盘上的麦子故事一样，国王要穷尽天下所有的麦子都不能满足发明象棋的大臣的要求。

再如直觉引起的错误，若绳子足够长，绕地球赤道一周；现在地球赤道上方高 1 米处（即半径比地球大 1 米）再绕一周，试问：后一次绳子的长度比前一次长多少？其实后一次绳子的长度比前一次绳子的长度长不足 7 米，这一答案真出乎意料。不妨计算一下就明白了，设地球的半径为 R，那么前后之差：$2\pi(R+1)-2\pi R=2\pi<7$。

又如，从直观上看，平面上任何一条封闭曲线所围成的几何图形，如果其面积是有限的，那么其周长也就是有限的（图 10）。千百年来人们一直对此深信不疑。可是，20 世纪初却有一位数学家发现：存在一种封闭曲线，它所围成的几何图形的面积是有限的，其周长却是无限的。整个数学界都为之大吃一惊。

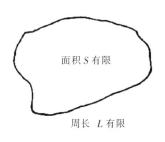

面积 S 有限

周长 L 有限

图 10

那么经验可靠吗？其实经验靠不住也是常事，两个小孩辩论太阳的远近，一个说太阳早晚冷中午热，所以早晚远中午近，另一个说太阳早晚大中午小，所以早晚近中午远，各执一词，把孔夫子都难倒了，古人用日常的直接经验无法解释这样的矛盾。有一个天鹅的例子足以说明，根据我们对天鹅外表颜色的观察，断定天鹅都是白色的，后来有人在澳大利亚发现天鹅还有黑色的，不仅是常人，就连大数学家费尔玛也会犯经验归纳的错误，1640 年法国数学家费尔玛发现式子：$(F_n = 2^{2^n} + 1)$，当 $n = 0$，1，2，3，4 时，得到 $F_0 = 3$，$F_1 = 5$，$F_2 = 17$，$F_3 = 257$，$F_4 = 65537$，都是素数，从而得出猜想：任何费尔玛数 $(F_n = 2^{2^n} + 1)$ 都是素数。然而 1732 年瑞士数学家欧拉举出反例：$F_5 = 641 \times 6700417$ 是合数，从而推反猜想。

既然我们的感觉、直觉及经验都不可靠，那么何以把握世界的真呢？这也是古希腊哲学家苦苦深思的问题。古希腊的学者们认为，如果一个人仅仅凭着感觉经验来认识事物，他就会看到世界事物充满偶然性，这只能说明他的认识尚未深入到世界的本质。他们认为感觉执著于现象，只会产生一种"暗昧的认识"，只有理性才能把握"真理性的认识"。这一点也或多或少地说明古希腊的哲学家们有一种"眼见为虚，思想为实"的形而上的倾向。据一种传闻所言，古希腊大哲学家德谟克利特（原子论虚空的创始者）在晚年为了使自己免受感觉的愚弄，刺瞎自己的双眼，以便专心致志地沉潜于思想之中，当然，这只是一种传闻，但反映了古希腊人对真理的热爱，对理性的崇拜。[1]

何以为真？在日常生活中，如律师一定要向陪审团提供证明，出示人证、物证等使他们相信自己的委托人是无辜的。如果对方没有相应的反例或事实证据驳倒，那么这位律师就可以为他的委托人挽回经济损失或生命，如果对方能找到新的事实，可以继续上诉，对于这样的证明我们总感觉不是十分确定。同样在通常情况下，科学家会把经验论当成一个充分的证明。在生物学中，要断言麻雀有胃并不难，只要解剖几只麻雀就足够了，他们通过实验来验证猜想，如果有足够的实验来证实该猜想，并且没有反例可以对此进行反驳，则认为该猜想得到了证明。如果有新的发现，他们也可以对定理作出修正，再通过实验来证明新猜想成立。

不管是律师还是科学家的论证，总是留有余地，不能一劳永逸地解决真假。如天文学上托勒密的"地心说"统治西方一千多年，到哥白尼的"日心说"代替"地心说"仅有三百多年的历史，再到后来开普勒的天文学改写了哥白尼的日心说只有二百多年的历史，开普勒后继的天文学家有牛顿、爱因斯坦、霍金，他们的学说持续时间越来越短。可见科学家对于自己学说的证

---

[1]　赵林. 西方哲学史讲演录. 北京：高等教育出版社，2009.

明还带有时代的局限性。

不过，在人们追求确定性、可靠性的时候，还有一块安宁的绿洲，就是数学。数学是我们最可信赖的科学，什么东西一经数学的证明，便板上钉钉，确凿无疑。另外，新的数学理论开拓新的领域，可以包容但不会否定已有的理论。数学是唯一一门新理论不推翻旧理论的科学，这也是数学值得信赖的明证。

那么数学的证明又是怎样的呢？它的证明可靠吗？经得起时间的检验吗？

同样，数学家称这个命题为真，那个命题为假，也需要证明。那么，什么是数学证明？

数学证明迄今为止可能尚无精确的定义，但数学证明必须立足于一系列公理，从概念、定义、已有定理出发，采用逻辑推理的方式，确认新的结论。数学的论证方法来源于古希腊，古希腊的哲学思想十分活跃，哲学家们热衷于辩论，在进行论理之前，必须建立经得起推敲的、得到大家认可的规则。亚里士多德总结论证的形式并确定下来，其核心就是三段论，就是人们常说的大前提、小前提和结论。我们分析一下三段论：

所有人都是要死的；（大前提）

苏格拉底是人；（小前提）

苏格拉底是要死的。（结论）

这就是亚里士多德在《工具论》中有名的三段论，只要承认"凡是人都是要死的"这个常识，不管秦始皇还是汉武帝，无论是怎样求长生不老药，都难逃一死。如同古希腊的悲剧，不管你是否愿意，命运之神都牵着你上路，冥冥之中，有一只看不见的手为你安排好，你无法逃脱命运之神对你的设定。

我们把这样的论证方法称为演绎推理，演绎推理的特点是由一般到特殊，如上述中的"人"，他是具体的活生生的人抽象后具有人共性的概念，"过往矣，不管风流人物，还是凡夫俗子"。就如用字母 a 表示数，数 a 就具有一般性，具体的数都是数 a 的一个特例。这样一步一步地进行推理，每一步都不能凭借直觉。这种论证方法希望达到的目标是：用于任意一个前提，推导出的结果和前提一样可靠，由此，如果前提为真，则结论也为真。后来，这种论证方法成为数学证明的主要方法。这样的论证不因时间或空间的改变而改变。因此数学的大厦不像科学的大厦那样，它建立在可靠的基础上。

在人类文化史上，证明的概念是怎样产生的呢？西方学者一般都认为，数学证明始于公元前 6 世纪，据说当时的希腊数学家、哲学家泰勒斯（Thales，约公元前 624—公元前 547）先证明了几条几何定理，到公元前 3 世纪，欧几里得（Euclid，约公元前 325—公元前 265）在《几何原本》中从一些基本定义与公理出发，用演绎推理的方法推导出 400 多条定理，从而奠定了数学证明的模式。

例 "对顶角相等"这一命题是《几何原本》中的第一个定理。

图 11

已知：直线 AB 与 CD 相交于 O 点（图 11），试说明：$\angle 1 = \angle 3$，$\angle 2 = \angle 4$。

证明：

∵ 直线 AB 与 CD 相交于 O 点　　　　　　　　　　　　　（1）

∴ $\angle 1 + \angle 2 = 180°$，$\angle 2 + \angle 3 = 180°$　　　　　　　（2）

即 $\angle 1 = 180° - \angle 2$，$\angle 3 = 180° - \angle 2$

∴ $\angle 1 = \angle 3$　　　　　　　　　　　　　　　　　　　（3）

同理可得 $\angle 2 = \angle 4$

上述（1）是已知，（2）是平角的定义，（3）是根据公设。这里，重要的价值不在于"对顶角相等"命题本身，而在于泰勒斯提供了不凭直观和实验、用公理化思想给出逻辑的证明。

数学追求什么？我们称古希腊的先哲泰勒斯是古代数学第一人，是因为他不像埃及或巴比伦人那样，对任意一个规则物体求数值解，他的雄心是揭示一个系列的真理。如对顶角，他的答案不是关于一个特殊的对顶角，而是任意对顶角，他对全世界所有的对顶角都可以断言：任何两条相交的直线所形成的对顶角相等，他找到的真理揭示了对顶角的性质。数学要求普遍的确定性，数学要划清结果和证明的界限。世界再变幻不定，我们也总要有所凭信，有所依托，把这种凭信的根据推到极致，就能体会到数学的力量。数学之大用也在于此。我们的先人很早就开始用数学来解决具体的工程问题，在这方面，各古文明都有上佳的表现，但是古希腊人对数学的理解更值得我们敬佩。

首先是毕达哥拉斯学派，他们把数看作构成世界的要素，世上万物的关系都可以用数来解析，这绝不是我们现代"数字地球"之类的概念可以比拟的，那是一种世界观，万物最终可以归结为数，由数学说明的东西可以成为神圣的信仰，我想，持这样想法的人，一定对自然常存敬畏，不会专横自欺。

其次，古希腊人把数学的言必有据和理性精神也反映到古希腊的政治上，古希腊雅典城邦产生现代社会民主政治的雏形。古希腊实行的是少数"奴隶主"的"民主制度"。在伯利克里时代公民大会是最高的权力机关，雅典公民（20岁以上）皆可参加大会并有权商讨和决定所有大事。五百人组成的议会是最高行政机关，成员从年满30岁的雅典公民中抽签选出，每个雅典公民一生至少当选一任议员，参与城邦治理。陪审法庭是最高司法兼监察机关，其成员由抽签选出，起初规定，被告必须自己亲自辩护，出庭双方的发言时间由漏壶规定，不许超过时间。民主的政治制度使得每位公民都有机会参与到城邦事务的管理和讨论中，这直接引发雅典社会对于文化知识特别是辩论术和演讲术的需求。[①] 为了说明自己坚持的是真理，为了获得大家的支持，演讲要具有说服力，必要时需要证明，要证明，先得到一些人人都同意的"公理"。就如C. Hanna所说："证明是一种透明的辩论，其中用到的论据、推理过程……都清楚地展示给读者，任由人们公开批评，不必向权威低头。"

要求绝对可靠的证据，要求"不可驳斥性"，他们也不满足于（如埃及、巴比伦前辈那样的）经验性的证据，而是进一步要求证明，要求普遍的确定性。多么可爱、严正的要求！有这样要求的人，必定明达事理，光明磊落。

为了保证思想的可靠，古希腊的思想家制定了思想的规则，在人类历史上，思想第一次成为思想的对象，这些规则我们称为逻辑。如不可同时承认正命题和反命题，换句话说，一个论点和它的反论点不能同时为真，即矛盾律；再如一正论点与反论点不可同时为假，即排中律。所有这些努力，都体现着人类对确定、可靠的知识的追求，一部数学史，就是人类不断扩大确知领域的历史。

古希腊的学者们强调严密的推理以及由此得出的结论，他们所关心的并不是这些成果的实用性，而是教育人们进行抽象推理，激发人们对理想与美的追求。M. 克莱因有这样一个观点：在西方文明中，数学一直是一种主要

---

① 张伟. 西方智者学派的兴起、影响及教育启示. 南方职业教育学刊，2012（1）.

的文化力量。具体来说，数学作为一种方法，作为一种创造性的活动，数学为自然现象提供合理的结构，数学作为智力的好奇心和纯思维的兴趣，作为一种美的追求等方面论述了数学在西方文化中所占据的重要地位。

正是由于有了这种理性精神，产生了后世很难超越的优美文学，以及理想化的建筑与雕刻，那位断臂美人——米洛的维纳斯（公元前4世纪）成为那个时代最好的代表，是至善至美的象征。建筑与雕刻的美蕴含着数学的对称、黄金分割。

在古代中国，重要的几何证明也有。中国很早就发现了勾股定理，为了说明勾股定理的正确性，也讲"为什么"，使用"出入相补"原理，用拼接的方法加以证明。①

春秋战国时期，中国实行皇权政治，而非民主政治，知识分子要为王者所用，自然要为王权服务。因而中国古代的"数"始终是"术"的性质，是实用的技巧，因此算学发达，几何学衰微。中国也有过春秋战国时期思想比较自由的百家争鸣，魏晋时期崇尚自然的思想解放，有那么多才华横溢的思想家，在他们的脑海中却找不到一片民主的风帆。这也和中国传统文化有关，中国缺乏像古希腊那样发达的本体论哲学，缺乏几何学思维。这一点正如M.克莱因所认为的那样，对数学的态度可以折射出一种文明整体的文化特征。古希腊文化对数学、逻辑的重视，使得演绎数学得以诞生。作为一种理性思维的结果，出现了以《几何原本》为代表的公理化数学体系，由此奠定了西方数学的基本形态。现代与当代数学的发展和科学的进步都表明这一形态是富有成效的。而古罗马人就正好提供了西方历史上的这样一个反例。克莱因写道："阿基米德死于一个罗马士兵之手，是世界发生头等重要变化的一个标志；爱好抽象科学、擅长推理的古希腊在欧洲的霸主地位，被重实用的罗马取代了……没有一个罗马人因为沉湎于数学图形而丧命。"②

至于证明方法，除了演绎推理的三段论之外，还有数学反证法、归纳法、运算法（一般的代数运算）、试验法。下面就中学阶段常用的证明方法，如反证法、归纳法进行简单的介绍。

反证法又称归谬法，反证法逻辑上的理论依据是形式逻辑中的两个基本规律，即矛盾律和排中律。矛盾律是亚里士多德形式逻辑的基本规律之一，其基本内容是：在同一个论证过程中，对同一对象的两个互相矛盾的、对立

① 张奠宙，丁传松，柴俊，等. 情真意切话数学. 北京：科学出版社，2011.

② M. 克莱因. 西方文化中的数学. 张祖，译. 上海：复旦大学出版社，2007.

的判断，其中至少有一个是假的，它的公式是：A 不是 $\bar{A}$。在同一论证过程中，对同一对象的两个互相矛盾（对立）的判断，其中至少有一个是伪的，它用符号表示为 $P \wedge \bar{P}$。

排中律是形式逻辑的又一个基本规律，其基本内容是：在同一个论证过程中，对同一对象的肯定判断和否定判断，这两个互相矛盾的判断必有一个是真的，它的公式是：或者是 A 或者是 $\bar{A}$，排除了第三种情况的可能，在数学论证中常常根据排中律进行推理。在同一论证过程中，对同一对象的两个互相矛盾的判断，不能同为伪，其中必有一个是真的，它的符号表示为 $P \vee \bar{P}$。

反证法不直接证明命题"若 p 则 q"，而是先肯定命题的条件 p，并否定命题的结论 q，根据矛盾律和排中律，两个互相矛盾的判断，不能同假，必有一真，由此肯定命题"若 p 则 q"为真。

在《几何原本》中利用反证法证明比较经典的例子是：

"素数有无穷多个。"

反证法：假设素数为有限个，不妨设 P_1，P_2，P_3，$\cdots$，P_n，共 n 个。

记 $M = P_1 P_2 P_3 \cdots P_n + 1$；

则 P_1，P_2，P_3，$\cdots$，P_n 不能整除 M，故 M 也为素数。

这与假设相矛盾，因此假设不成立。

所以素数有无穷多个。

因为有些问题在正面叙述不方便，而从问题的反面入手更容易把事情说清楚，如上面的问题，我们证明的目标存在无穷多个素数，如果从正面叙述，一个个地证明是不可能的。

故从问题的反面去阐述显得更容易。从上述的反证法可以得知，反证法证明问题的一般步骤如下：

第一步，审题析意，分清命题的前提和结论。

第二步，否定结论，作出反设，假定结论不成立，则结论的反面一定成立。如果结论的反面只有一种情况，则只需作出一种反设；如果结论的反面不只一种情况，则对每一种情况都必须作出反设。

第三步，进行推理，导出矛盾。作出反设后，从反设出发，根据真实论据，进行正确推理，导出矛盾。这里所说的矛盾可以是与已知公理、定理、定义、题设相矛盾，也可以与反设相矛盾，还可以是自相矛盾。

第四步，否定反设，肯定结论。由反设推出矛盾，推理论据真实，推理方法正确，因而反设必不成立，从而得出命题结论成立。

归纳法是一种用于证明与自然数 n 有关的命题的正确性的证明方法。对数学归纳法进行恰当的类比，有一个例子比较贴近，即多米诺效应。如果你有一排很长的直立着的多米诺骨牌，那么如果你可以确定：

（1）第一张骨牌将要倒下。

（2）只要某一个骨牌倒了，与它相邻的下一个骨牌也要倒。

那么，你就可以推断所有的骨牌都将要倒。把所有骨牌倒下的条件类比到数学问题中，我们会发现它们之间的关系如下表所示：

多米诺骨牌游戏原理	自然数 n 有关的命题的正确性
（1）第 1 块骨牌倒下	（1）当 $n=1$ 时猜想成立
（2）若第 k 块倒下，$k+1$ 块也倒下	（2）假设 $n=k$ 时猜想成立， 则 $n=k+1$ 时猜想也成立
根据（1）、（2），骨牌全部倒下	根据（1）、（2），无论 n 取何值，结论成立

这一方法还可以类比到证明与自然数有关的命题中去。

证明：$1+2+\cdots+(2n-1)=n^2$。

证明：（1）当 $n=1$ 时，命题显然成立。

（2）当 $n=k$ 时，命题成立，即 $1+3+5+\cdots+(2k-1)=k^2$，

当 $n=k+1$ 时，$1+3+5+\cdots+(2k-1)+2k+1=(k+1)^2$（直接应用求和公式，不应用归纳假设）。

（3）$1+2+\cdots+(2n-1)=n^2$ 命题成立。

数学归纳法进行证明的步骤：

（1）归纳奠基：证明当取第一个值时命题成立。证明了第一步，就获得了递推的基础，但仅靠这一步还不能说明结论的普遍性。在第一步中，考查结论成立的最小正整数就足够了，没有必要再考查几个正整数，即使命题对这几个正整数都成立，也不能保证命题对其他正整数都成立。

（2）归纳递推：假设时命题成立，证明当时命题也成立。证明了第二步，就获得了递推的依据，但没有第一步就失去了递推的基础。只有把第一步和第二步结合在一起，才能获得普遍性的结论。

（3）下结论：命题对从开始的所有正整数都成立。

用数学归纳法进行证明时，"归纳奠基"和"归纳递推"两个步骤缺一不可。为什么缺一不可呢？要知道，一个命题，哪怕是验算了百次、千次、万次，也只是有限次，并不能肯定这个命题的普遍正确性。下面的例子很好

地说明了这一点。

　　清华大学数学系赵访熊教授（1908－1996）在给大学一年级学生讲高等数学时，总要先讲讲数学的基本概念和方法，他对数学归纳法所做的讲解极其生动，他讲了一个"公鸡归纳法"的故事：某主妇养小鸡十只，公母各半。她预备将母鸡养大留着生蛋，公鸡则养到一百天就陆续杀以佐餐。每天早晨她拿米喂鸡。到第一百天的早晨，其中的一只公鸡正在想："第一天早晨有米吃，第二天早晨有米吃，……，第九十九天早晨有米吃，所以今天，第一百天的早晨，一定有米吃。"这时，该主妇来了，正好把这只公鸡抓去杀了。这只公鸡在第一百天的早晨不但没有吃着米，反而被杀了，虽然它已有九十九天吃米的经验，但不能证明第一百天一定有米吃。

　　为了证明命题对于任何一个正整数 n（n 有无限多）都是正确的，必须满足数学归纳法所要求的第二条。

　　数学归纳法从本质上说是用有限解决无限的问题，当我们面对无限时该怎么办，解决的办法是发挥人的智慧，化无限为有限，用有限的步骤替代无限验证。

　　回顾数学的证明，它有着悠久的历史，证明方法的形式有着多样性，但它们都需要逻辑推理，逻辑推理是"理性思维"的一种最高形式。我们可以疏于计算，但不能没有数学的证明。再回到那些最好的数学猜想，几个世纪以来最伟大的数学家们曾为之殚精竭虑的猜想，如费马猜想、哥德巴赫猜想、欧拉猜想等。全世界的人都知道那道理存在，但任何人在它们面前都束手无策，这就是所谓的数学猜想！要知道，它绝对简单，极容易断定，一个中等智力的中学生明白起来也不费吹灰之力。这种断定人人都承认其正确性，然而又没有人能证明其真理性。你知道我们为之陶醉、被它激励的原因究竟是什么吗？

道 不 尽 的 圆

平静的水面上，石子激起的涟漪一圈圈荡漾开来；阳光下，绽放的向日葵托起浑圆的花盘；还有光波、电磁波、环形山……自然界以其独特的方式尽显着圆的美妙与神奇。而建筑、工艺、标志着人类社会生活的每一个领域，圆更是扮演着不可或缺的重要角色。

一、从圆的面积公式谈起

你如果问小学生或者中学生一个问题：圆的面积公式是怎样的？一般地他们会给一个唯一的答案：$S=\pi r^2$。当然，我们并不是说这个答案是错误的。这个圆的面积公式比较简洁、漂亮，但是仅知道一个公式是不够的。如果仅记住一个公式，你将只知道结果而忽视了圆面积公式的推导过程。其实圆的面积公式除了 $S=\pi r^2$ 外，还有如下两个公式：

$$S=\frac{1}{2}cr \quad (1)$$

$$S=\frac{\pi}{4}d^2 \quad (2)$$

公式（1）其实是圆面积公式推导的过程，蕴含着数学中一个重要的基本想法，即"化曲为直"。在初中教材中和（1）式一样的面积公式有 $S_{扇形}=\frac{1}{2}c_{弧长}r$。如图 1 所示，我们可以把弧 AC 看作三角形的底边，半径是该三角形底边上的高线。圆是最大的扇形，当然弧长就是整个圆周长。

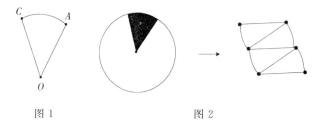

图 1　　　　　　　　　　图 2

$S=\frac{1}{2}cr$ 和 $S=\pi r^2$ 到底有何关系？如图 2 所示，其实可以将圆分割成无数个细小扇形，凑拼成长方形。长方形的宽就是圆的半径，长方形的长就是圆周长的一半，由长方形的面积得知：面积＝长×宽＝$\pi r \cdot r = \pi r^2$。

而公式 $S = \dfrac{\pi}{4}d^2$ 可以看作一个正方形面积的 $\dfrac{\pi}{4}$。如果 $\pi \approx 3$，那么圆的面积就是边长为 d 的正方形的面积的 $\dfrac{3}{4}$。其实古埃及人计算圆的面积的公式是：$S = \dfrac{8}{9}d^2$，π 近似取 3.160 5，对圆的面积计算也十分准确。

以曲代直是微积分重要的思路，我国古代数学家刘徽用割圆术求得圆周率，指出"割之弥细，所失弥少，割之又割，以至于不可割，则与圆合体而无所失矣"。

刘徽并不是用圆内接正多边形的周长来逐步逼近圆周长，而是用圆内接正多边形的面积来逐步逼近圆的面积。[1] 刘徽把他的方法称为"割圆术"。"割圆术"主要基于如下三个数学关系式：

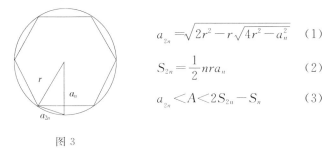

$$a_{2n} = \sqrt{2r^2 - r\sqrt{4r^2 - a_n^2}} \qquad (1)$$

$$S_{2n} = \frac{1}{2}nra_n \qquad (2)$$

$$a_{2n} < A < 2S_{2n} - S_n \qquad (3)$$

图 3

其中 r 为圆半径，A 为圆面积，a_n，S_n 分别表示圆内接正 n 边形的边长和面积。这些关系式的推导只用到勾股定理、三角形的面积公式等一些比较简单的数学知识，今天看来十分容易（有兴趣的读者不妨试试），但在当时是很了不起的重大发现。

（1）式给出了圆内接正 n 边形与正 $2n$ 边形边长间的递推关系，知道了正 n 边形的边长 a_n，就可以推算出正 $2n$ 边形的边长 a_{2n}。例如，对于单位圆而言，半径 $r = 1$，圆内接正六边形的边长 $a_6 = 1$，由（1）得 $a_{12} = \sqrt{2 - \sqrt{3}}$，把 a_{12} 的值代回（1）又得圆内接正二十四边形的边长 $a_{24} = \sqrt{2 - \sqrt{2 + \sqrt{3}}}$，如

---

① 晨光. 割圆术与问题的转化. 广西教育，1999（10）.

此等等，可以不断地推算下去。

（2）式给出了根据圆内接正 n 边形的边长 a_n，计算圆内接正 $2n$ 边形面积 S_{2n} 的公式。例如，对于单位圆而言 $r=1$，由（2）$S_{12}=\frac{1}{2}nra_6=\frac{1}{2}\times6\times a_6=3$；$S_{24}=\frac{1}{2}\times12\times a_{12}=\frac{1}{2}\times12\times\sqrt{2-\sqrt{3}}$。

（3）式是个很重要的不等式，它把圆面积 A 夹在 S_{2n} 与 $S_{2n}-2S_n$ 之间。当 n 越来越大时，下界 S_{2n} 与上界 $S_{2n}-2S_n$ 的差 $2(S_{2n}-S_n)$ 将越来越小，就会得到越来越精确的 A 值。对单位圆而言，$r=1$，$A=\pi$，则（3）式成为 $S_{2n}<\pi<S_{2n}-2S_n$ 这就是"割圆术"中的精华，割圆不等式。刘徽从单位圆内接正六边形出发，逐次将边数加倍，一直计算到圆内接正 192 边形，得到 $3.1410<\pi<3.1427$。取精确到小数点后两位的数字，$\pi=3.14$，这就是历史上有名的"徽率"。我国自刘徽起，才开始使用比较精确的圆周率。"割圆术"堪称我国古代数学贡献给人类文明的一件珍宝，体现了十分先进的极限思想和以曲代直。

以曲代直，从微处看曲就是直，曲和直很好地统一在一起。这就像老子的《道德经》所言："……大直若屈，大巧若拙，大辩若讷。大直若屈，大巧若拙，大辩若讷……"

图 4

如图 4 中巴台农神庙是用坚硬的大理石建成的，但是经过设计师的巧妙构思，整座建筑一点都不让人觉得沉重。工程品质即使以今天的标准来看，仍属一流。例如，神庙所有的巨大石柱都向内倾斜，而非互相平行。如果它们都平行，会让人产生它们都向外弯的错觉；所以设计师以一英里的高度作为交汇点，每根石柱都向内微倾，使得神庙更为笔直稳重而坚固。古代的建筑师研究出：大型建筑的地基如果完全水平，也会使人产生扭曲的感觉。因此，设计师们把巴特农神庙的柱子设计成上下两头小、中间大的样子，那么柱子的线条虽然是曲线，但看起来恰恰是最直的，这也最能印证老子《道德经》所讲的"大直若曲"。

二、最美的图形

古希腊大哲人毕达哥拉斯说："一切平面图形中，最美的图形是圆，一切立体图形中，最美的图形是球。"可见，圆和球都是完美无缺的图形，正因为它是最美的图形，因此古希腊人坚信地球是球体。那么，它到底美在哪里？圆周是理想化的正多边形，具有无穷的对称性。圆周的良好性质，使得它是所有等长曲线中包括面积最大的；三维欧氏空间中的球面也具有同样的极值性质，这也解释了为何肥皂泡和气球都是球形。如图5所示，冬天，猫睡觉时总是把身体抱成一个球形，这其间也有数学的应用，因为球形使身体的表面积最小，从而散发的热量也最少。圆在中国传统文化里还蕴含团圆、完美等意思。其实，又何止大自然对圆情有独钟，在我们生活的每一个角落，圆都扮演着重要的角色，并成为美的使者和化身。生活中的圆形拱桥，世界著名的圆形建筑，我国著名的圆形景德镇瓷器，我国民间的圆形中国结、传统的圆形剪纸，世界著名的圆形标志设计，等等。

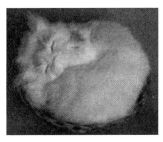

图 5

三、圆的哲学

如图 6 所示，直线 L 上依次有 A，B，C 三点，B 点在 A，C 两点之间，或者说点 B 在 A，C 内。但是如图 7 把 A，B，C 三点放在圆上，那么 B 点在 A，C 两点之间，也可以说 A 点在 B，C 两点之间，或者说 C 点在 A，B 两点之间，在圆上分不出内外，没有方向性。

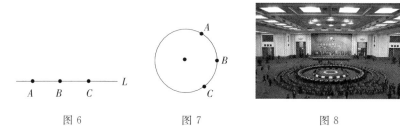

图 6   图 7   图 8

如图 8 所示，根据圆心到圆周上各点距离相等，而位置又没有秩序性等特点，可命名所谓圆桌会议，这是一个与会者围圆桌而坐的会议。在举行国际或国内政治谈判时，为表示参加各方地位平等，参加各方均围圆桌而坐。

这说明圆和直线不一样，没有内外之分，每一点既是内部，也是外部；同时圆周上的每一点具有平等性，和圆心距离相等，每一点既是起点又是终点，且没有秩序性，你中有我，我中有你。关于这一点，可想到英国 17 世纪约翰·多恩（John Donne，1572～1631）在他的一首诗中写的："没有人是自成一体、与世隔绝的孤岛，每一个人都是广袤大陆的一部分。如果海浪冲掉了一块岩石，欧洲就减少。如同一个海岬失掉一角，如同你的朋友或者你自己的领地失掉一块。每个人的死亡都是我的哀伤，因为我是人类的一员。所以，不要问丧钟为谁而鸣，它就为你而敲响！"

这一点和庄子的《齐物论》强调地球上万物的生命都具有平等性相同。两千多年来中国人大体上都接受了这种看法，从这一看法出发，国人便发展出"尽物之性"、"万物并育而不相害"的精神。国人当然也不能不开发自然资源以求生存，因而有"利用厚生"、"开物成务"等观念。但利用仍是尽物之性，顺物之情，是尽量和天地万物协调共存，而不是征服。这与西方近代对自然的态度迥然不同。

"这天人合一说确是一种无所不包的学说；最高、最广意义的天人合一，就是主体融入客体，或者客体融入主体，坚持根本同一，泯除一切显著差别，从而达到个人与宇宙不二的状态。"[1]

"中国哲学有一根本观念，即天人合一。认为天人本来合一，而人生最高理想，是自觉地达到天人合一之境界。物我本属一体，内外原无判隔，但为私欲所昏蔽，忘分彼此，应该去此昏蔽，而得到天人一体之自觉。……天人既无二，于是亦不必分别我与非我。我与非我原是一体，不必且不应将我与非我分开。于是内外之对立消弭，而人与自然，融为一片。西洋人研究宇宙，是将宇宙视为外在的而研究之；中国人则不认宇宙外在的，而认为宇宙本根与心性相通，研究宇宙亦即研究自己。中国哲人的宇宙论实乃以不分内外、物我、天人为其根本见地。"[2]

五、历史、圆与车轮

历史如同车轮从远古滚到现在，有人说"三十年河东，三十年河西"，也有人说"合久必分，分久必合"。历史是什么？有人说历史是不解的谜，又有人说，历史是一个圆，把过去、现在和未来很好地统一在一起，从起点出发又回到起点，就如著名哲学家叶秀山所说："历史包含了过去、现在、未来。不仅过去规定着现在，过去和未来都在现在之中，现在不是一个几何点，而是一个面，人们每天都在过去的规范下、在未来的吸引下生活着、工作着，往者未逝，来者可追。"又如，历史学家克罗齐曾经说过，"当生活的发展逐渐需要时，死历史就会复活，过去就变成现在"。因此，现在被我们视为编年史的大部分历史，现在对我们沉默不语的文献，将依次被新生活的

---

① 金岳霖. 中国哲学. 致中国人的演讲三. 北京：华夏出版社，2008.
② 张岱年. 中国哲学之特色. 致中国人的演讲三. 北京：华夏出版社，2008.

光辉耀照，将重新开口说话。但有一样东西一直伴随人类的文明缓缓向前，那就是轮子。圆是一条"伟大"的封闭曲线，它和人类文明的进步有着巨大的关系。最实际的应用之一是人类的一项空前伟大的发明，即轮子。车轮为什么是圆的？圆比其他形状来说所具有的优点是圆心与圆周上每一点是等距离的，被移动的重物一路行去完全平稳。我国距今约 7 000 年前的河姆渡文化，就出现了圆形的玉琮；战国时期也大量使用了战车。

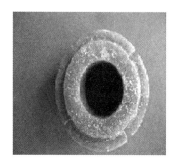 

会不会使用圆是人类文明的标志。南美洲的玛雅文明，就没有使用车轮。玛雅人不会使用铜、铁也不会使用车轮，轮子的概念虽然在陶器等文物中出现，但是在现实生活中没有实用化。玛雅文明曾一度辉煌，而后销声匿迹，此后便长期湮没在热带丛林中，退出人类历史的舞台。因此，一部分考古学者认为没有将圆用于实践，没有运输工具仅仅凭借新石器时代的原始生产工具，很难走出美洲的热带丛林从而迎击强势的西方文明。①

四、圆与生命

地球运动周而复始，这使得地球上的生物带上生命的周期性，似曾相识，感物而伤怀。中国文明是农耕文明，一年四季分明，如同欧阳修在他的《醉翁亭记》中对四季的描写："野芳发而幽香，佳木秀而繁阴，风霜高洁，水落而石出者，山间之四时也。"又如白居易《赋得古原草送别》中的"野火烧不尽，春风吹又生"，王安石的"春风又绿江南岸，明月何时照我还"。

中国古人仰俯于天地之间，面对美景引发对宇宙奥秘、人生哲理之探索。生命的起点和终点恰似一圆，人类历史，生生不已，又如重复昨天的故

---

① 圆的欣赏. 中学数学教学参考（高中），2011（10）.

事。张若希的《春江花月夜》中说："江畔何人初见月？江月何年初照人？人生代代无穷已，江月年年望相似。不知江月待何人，但见长江送流水。"诗中的意思是江畔什么人最初见到江上月？江月又从哪年起默默照着人？人生一代代没有穷尽，江月一年年始终如一。上述古诗都谈论了地球的周期性运动引起的世事流变，从而感物伤怀引发出类似"年年岁岁花相似，岁岁年年人不同"的隐含着数学周期规律的结论。不但在诗歌中，就是每天太阳东升西落，世界万物的生命轮回，也如同圆一般周而复始，往复循环，体现着有限和无限内在的统一。

五、圆与世界

中国古人眼里有"天圆地方"之说，如北朝民歌《敕勒川》："阴山下，天似穹庐，笼盖四野，天苍苍，野茫茫，风吹草低现牛羊。"一望无际的草原，圆圆的蒙古包，使人顿生敬畏。古代的皇家祭坛的建筑都与此有关，如图 14 中北京的天坛，这座完美的古代建筑的最基本的设计元素竟然是最简单的几何图形——圆。三层汉白玉圆形台基、三层蓝琉璃圆顶大殿，与附近的圆形皇穹宇和圆丘交相辉映，形成一片圆美世界。事实上，在中国园林设计中（如图 13），圆形图案占了很大的比重。如图 13 所示为苏州园林的一处门洞。

图 13 　　　　　　　　　　　　　图 14

对于圆，不仅人类偏爱它，大自然也偏爱它，在田野中，在森林中，在海洋中，在天空中，到处都有圆的踪迹。如图 15 所示，种子、头状花序、树干、彩虹和水滴都包含着圆。

图 15

生物钟是生物学中一类十分广泛的现象。人的心脏的节律性跳动，植物在每年的一定季节开花，候鸟在一定时间移栖等都属于这一范畴。研究表明，潮涨潮落、花开花谢及生物钟都可用圆周来描述。太阳系中八大行星和太阳都近似球体，它们所行走的轨道看上去也是圆的（如图 16，太阳系的今天和地球自转的"脚印"）。难怪有人说我们这个宇宙就是圆的。这是因为动物的眼睛和人的眼睛都近似于球体，我们用球体的眼睛看世界，世界怎会不被打上圆的烙印呢？

太阳系的今天　　　　　　　地球自转的"脚印"

图 16

由于整个宇宙中的星球都是球体，而且人类感知世界也是用球体的眼睛，从这一层意义上来说"上帝的电话号码是 π"。

六、中国古代的货币

图 17

如图 17 所示，我国古代使用的货币是外圆内方的。有人说，古钱反映了做人的原则，应该是外面圆融善变通，内心要刚正，要有原则；钱自古到今没有常驻哪一家，富不过三代。这说明钱有流动性，如同滚滚的历史车轮从古至今流转不息。同时，内方强调方正、原则，反映的是用钱的态度。在我国古代钱币上，"方"和"圆"得到了很好的统一。其实，圆图形本身就蕴含着"方"和"圆"的统一，如："圆，一中同长也"，"没有规矩，不成方圆"，"圆出于方，方出于矩"，"直径所对的圆周角是直角"。可见，方和圆是辩证统一的。

从三角形内角和谈公理化思想

人们常说："公理必定战胜强权。"这句谚语反映了数学文化对法律和政治的影响。那么什么是数学中的"公理"？数学中的"公理化"在西方文化的进程中又起着什么作用？本文先从熟悉的三角形内角和开始谈起。

三角形的内角和为180°。小学时我们列举了不同种类的三角形，如直角三角形、锐角三角形、钝角三角形，通过度量、剪拼或者折纸等得出三角形的内角和为180°；到了初中我们不再通过量的方法得出三角形内角和的度数，这是因为每一次度量的操作，仅仅是某一个特殊的三角形所具有的特性，而我们要证明的是所有的三角形，而且度量毕竟存在误差。测量是为了给我们感性的认识，要从测量得到一些启发，因为测量仅是手段而不是目的，我们的目是获得对这类问题的解决。当然，解决这个问题就是证明三角形内角和为180°。

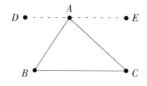

图1

如图1所示，已知△ABC，求证：$\angle BAC + \angle B + \angle C = 180°$。

证明：过A点作直线$DE \parallel BC$，　　　　　　　　　（依据平行公理）

∴　$\angle B = \angle DAB$，$\angle C = \angle CAE$；　　　（依据平行线的性质定理）

∵　$\angle DAB + \angle BAC + \angle CAE = 180°$；　　　（依据平角的定义）

∴　$\angle B + \angle BAC + \angle C = 180°$。　　　　　（依据等量公理）

上述证明中有的依据公理，有的依据定理，有的依据定义。那么，什么是公理、定理和定义呢？

数学计算或说理一般根据已知的法则进行，而现有的法则又是根据前面已有的法则而规定，追根溯源，最初的规则也称公理（或公设）。公理，简言之是不证自明，人人都同意的原始规则。例如现代社会的法律中"法律面前人人平等"是一条必不可少的公理。

数学中的新概念（定义）是由前一级概念（定义）得来的，最先使用的概念不再加以定义、约定，俗称原始概念。那么，后继的概念（定义）是在原始概念基础上进行定义的，可以称为二级概念。上述中的"平角"的定义在欧氏平面几何中是由"直线"概念进行定义的。在欧氏平面几何中原始概念还有点、面、体、圆等。

定理是根据公理或定义进行推导而得到的正确并具有广泛应用的命题。

以下用简单的示意图来表示上述结构：

$$原始概念 \xrightarrow{\text{通过逻辑定义}} 派生概念$$

$$公理 \xrightarrow{\text{通过逻辑证明}} 定理$$

上述证明过程中，细心的人已经看到平行线的性质定理，而凡是定理都是在逻辑上加以证明的，那么，两直线平行为什么同位角或内错角相等？（先证明同位角相等，再由对顶角相等得到两直线平行内错角相等。对顶角相等见"靠什么把握世界"一节）

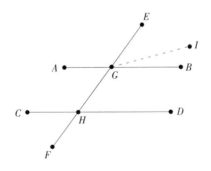

图 2

如图 2 所示，已知直线 $AB /\!/ CD$，求证：$\angle EGB = \angle EHD$。

反证：假设 $\angle EGB \neq \angle EHD$，作 $\angle EGI = \angle EHD$；　　（依据基本作图）

$\therefore$ 直线 $GI /\!/ CD$；　　　　（依据同位角相等，两直线平行，公理）

$\because$ 过直线 CD 外一点 G 有两条直线 AB 和 GI 平行于 CD，这与平行公理矛盾；

故假设错误，因此 $\angle EGB = \angle EHD$。

上述过程中"同位角相等，两直线平行"，在教材中被称为公理，其实它在欧氏几何中可由平行公理推导得到。那么在教材中为什么称之为公理呢？这是为了降低学习的难度，在欧氏几何中共有 5 条公理和 5 条公设（地位等同于公理）以及 23 个原始定义[①]进行演绎推导，以少量几条法则推导出宏伟的几何大厦。所谓"公理化方法"就是以尽可能少的、不加定义的原始概念和一组不加证明的原始命题（公理或公设）作为出发点，运用逻辑推导的方法，得出其余命题或定理。以建立所需要的整个理论体系的一种数学思想方法称为公理化思想。

我们学习平面几何，一开始就要推出所有的东西是不现实的，这会让初学者望而生畏。为了降低难度，初中教材适当增加公理。

三角形内角和定理追溯根源在平行公理中（还有等量公理等）。如果以三角形内角和为基础还可以继续推导三角形的外角定理及其推论（三角形的一个外角大于它的不相邻的任一内角），再继续推导还可以得到多边形的内角和定理和外角和定理。可以发现，多边形的所有外角之和皆为 360°，这是一个极其重要的结论，多边形的外角和永远不变，这在一定程度上揭示了数学的本质。

平行公理→平行线的判定→平行线的性质定理→三角形内角和→三角形外角和及其推论→多边形内角和及其外角和。

从中我们可以看出公理化思想的特点：系统内任何一条定理都能找到根据，命题和命题之间环环相扣，逻辑链上有一个开端，这个开端我们称之为公理和原始定义，同时在内容上以少胜多。

中世纪著名哲学家奥卡姆提出的"若无必要，不应增加实体"的思维经济原则对后世影响很大，被称为"奥卡姆剃刀"。19 世纪的哲学家和物理学家马赫进一步丰富了奥卡姆的思维经济原则，指出，"要用尽可能少的工作，在尽可能短的时间内，用尽可能少的思维来获取尽可能多的东西"。上面虽然是经济学的原则，但也体现了公理化思想的特点：以简驭繁，以少胜多。

同时，一个严格完善的公理系统，对于公理的选取和设置，必须具备如下三个基本条件：

相容性：在一个公理系统中，不允许能同时证明某一定理及其定理的反面也成立。如果能从该公理系统中导出命题 A 和否命题非 A（记作→A），出现 A 与→A 并存的现象，这就表明出现了矛盾。矛盾的出现，归根到底

---

① 毛耀忠，许尔伟. 公理化方法的发展及其对数学教育的启示. 当代教育论坛，2010（7）.

是由于公理系统本身存在着矛盾的认识，这是思维规律所不容许的。因此，公理系统的无矛盾性是一个基本要求，任何学科及理论体系都必须满足这个条件。

独立性：在一个公理系统中，每一条公理都独立存在，不允许出现能用其他公理把它推导出来的公理，同时，必须使公理的数量减少到最低限度。

完备性：确保能从公理系统中推导出全部命题，也就是说，必要的公理不能缺少。否则，由这个公理系统衍生出来的许多真实命题将得不到证明，或者由此造成一些命题缺乏充足的证明理由。[①]

数学公理化方法表述的简洁性、条理性和结构的和谐性，为其他科学理论的表述起到了示范作用，对西方后继文化产生了极其广泛深远的方法论影响，就像地中海的湿润季风温润欧洲每一个文化人。下面举几个例子谈谈公理化在西方文化中的作用。

牛顿的《自然哲学的数学原理》（以下简称《原理》）是经典物理借鉴公理化方法的典型例子。[②]

牛顿在《原理》一书中仿照欧几里得的方法，以动力学公理系统为例，定义初始的基础概念为空间、时间、质量和力，牛顿三定律和万有引力定律是理论出发点的基础公理。其中，三大定律分别为：①物体都要保持其运动状态不变，直到外力迫使它改变为止，又称"惯性定律"。②物体运动的加速度与质量成反比，与所受外力成正比。③若甲物体以一力作用于乙物体，则乙物体同时以一力作用于甲物体，二力大小相等，方向相反，分别作用在甲乙两物体上，作用线在一条直线上。在基础概念之上，提出功的概念：力在位移方向的投影与力的积或位移在力方向的投影与位移的积。进一步，在功的概念中加入牛顿第二定律就可以得到推论，即功能领域中的基本原理：合外力对物体所做的功等于物体动能的增量。这是演绎链条的直观应用，每一级的概念和定理都建立在上一级概念和定理的基础上，逻辑的正确性以及作为源头的基础概念和公理的"公认度"保证了整个体系的科学性。[③]

相对论的诞生是另一个光辉的例子。相对论的公理只有两条：

---

①　李云普，任朝国. 几何基础［M］. 北京：高等教育出版社，1990.

②　王泽农. 物理学中的公理化方法［J］. 南京师范大学学报：自然科学版，1996，4（19）：85～89.

③　杨波. 论公理化方法在物理体系中的应用［J］. 陕西教育，2008（2）：55，70.

（1）相对性原理：任何自然定律对于一切直线运动的观测系统都有相同的形式；

（2）光速不变原理：对于一切惯性系，光在真空中都以确定的速度传播。

爱因斯坦就是在这两条公理的基础上建立了他的相对论。关于建立一个理论体系，爱因斯坦认为科学家的工作可以分为两步：第一步是发现公理，第二步是从公理推出结论。哪一步更难呢？他认为，如果研究人员在学校里已经得到很好的基本理论、推理和数学的训练，那么他在第二步时，只要"相当勤奋和聪明，就一定能成功"。至于第一步，即找出所需要的公理，则具有完全不同的性质，这里没有一般的方法。爱因斯坦说："科学家必须在庞杂的经验事实中间抓住某些可用精密公式来表示的普遍特性，由此探求自然界的普遍原理。"[①]

"公理必定战胜强权。"反映公理化在法律中的应用，追求客观、公正是我们法律面前人人平等的一个体现。如果法律本身是模糊的话，那么就会导致法官有意偏向，自由裁决时任意发挥，有时需要法官去决断那些法律未曾提供解决办法的争端时，就会使双方陷入困境。

若把公理思想的形式化语言引进法理学，则能够大大加强法理学语言的精确化。由于公理化系统的完备性、独立性、相容性在法理体系内都能得到相应的结论，为避免法官主观武断判案，早在18世纪的西方，近代法学家已以"公理化"为指导思想确立法典。如《美国宪法》、《拿破仑民法典》、《德国民法典》等著名的法典，体系严密，一改古代法典体系松散的特点，其原因就在于这些近代法典无一例外地都采用了公理化方法，有的法典虽然洋洋数千条，但并不显得拖沓、松散、累赘。可以说，公理精神已渗透到包括西方法律文化在内的整个西方文化中了。[②]

公理化在政治制度和伦理学中的运用如美国的《独立宣言》。《独立宣言》是为了证明反抗英帝国统治的完全合理性而撰写的，美国第三任总统杰斐逊是这个宣言的主要起草人。他试图借用欧几里得的模型使人们对宣言的公正性和合理性深信不能疑。"我们认为这些真理是不证自明的……"不仅

---

① 张顺燕. 数学与文化：在北大数学文化节上的报告. 数学通报，2001（2）.

② 何柏生. 法律与作为西方理性精神核心的数学理性. 法制与社会发展（双月刊）. 2003（4，总52）.

所有的直角都相等，而且"所有的人生来都平等"。这些自明的真理包括：如果任何一届政府不服从这些先决条件，那么"人民就有权更换或废除它"。宣言主要部分的开头讲，英国国王的政府没有满足上述条件，"因此，……我们宣布，这些联合起来的殖民地是，而且按正当权力应该是自由的和独立的国家"。顺便指出，杰斐逊爱好文学、数学、自然科学和建筑艺术。

比《独立宣言》的数学形式更为重要的是，它所表现出来的政治哲学。这篇重要文献的开头说：

在人类历史事件的进程中，当一个民族必须解除它与另一个民族之间迄今所存在的政治联系，并在世界列国中取得"自然法则"和"自然神明"所规定给他们的独立与平等的地位时，就有一种真诚的尊重人类公意的心理，要求他们一定要把那些他们不得已而独立的原因宣布出来。

这里的关键词是"自然法则"。它清晰地表明了18世纪人们的信念：整个物质世界，包括人类，都受自然规律的支配。自不待言，这一信念是建立在由牛顿时期的数学家和科学家们发现的有关世界结构的证据之上的。这些规律给人类的理想、行为和风俗习惯带来决定性的影响。因此，政府的有效法律必须符合自然规律。真正促成美国革命的正是这一被广泛接受的政治哲学。实际上，美国革命和法国革命都被普遍认为是自然和理性战胜了谬误。

又如，边沁的《道德与立法原理引论》从功利主义出发：自然把人类置于两个主宰，即苦与乐的统治之下，从而提出了如下公理：

第一，人生而平等；

第二，知识和信仰来自感觉经验；

第三，人人都趋利避害，衡量是非的标准是最大多数人的最大利益；

第四，人人都根据个人利益行动。

当然，这些公理并不都为当时的人们所接受，却十分流行。趋利避害需要解释，一个特殊行为可能对一些人有利，而对另一些有害，所以边沁又加上一条："最大多数的最大利益是衡量是非的标准。"

这样，以边沁为代表的社会科学家们勇敢地把理性的旗帜插到了以前由风俗和权威统治的领地。他们还为伦理学体系寻求公理化思想的观点。这种伦理学不是建立在宗教教义上，而是建立在人文学科的基础上。以边沁为代表的伦理学家们成功地完成了他们的计划，他们利用人性的规律和人与人之间相互关系的公理，创建了富于逻辑性的伦理学体系。[①]

边沁在《道德与立法原理引论》（1789）一书中阐述了关于人性的观点和他的伦理学体系。这部书还涉及对政府的研究，实际上创立了政治学。他认为，政治领域的首要真理或基本公理是，政府应当追求绝大多数人的最大幸福。边沁意识到这里有一个明显的矛盾：统治者通常只追求自己的幸福，而不顾人民的利益。这当然与对政府的要求相矛盾。如何协调这两个矛盾呢？要做到这一点，就应当使每一个人都享有权利。因而民主制是组织政府的最好形式。

理论家们在对政府的研究中取得了成就，并对人类社会产生深刻影响。边沁的为绝大多数人的最大幸福和洛克的天赋人权论，以及社会契约论共同铸造了美国的民主制。此外，在欧氏几何中有一个著名的定理：三角形的任意两边之和大于第三边。这个定理构成了美国的三权分立中权利分配的理论基础。

---

① 张顺燕. 数学的美与理. 北京：北京大学出版社，2004.

非欧几何的天空

非欧几何指的是不同于欧几里得的几何学的一类几何学体系，主要包括罗巴切夫斯基几何和黎曼几何。它与欧几里得几何学最大的不同是它们有着各自的平行公理，即非欧几何是保留了平行线公理以外的欧几里得的公设、公理及前面的那些定理等，把平行公理加以否定，做成它的否定命题加入这个系统中。非欧几何的出现从根本上扩大了人们对几何学的认识，引导人们对几何的基础进行深入研究，而且对于物理学在 20 世纪初所发生的关于空间和时间的物理观念的变革起了巨大推动作用。现在，人们普遍认为宏观和微观的空间更符合非欧几何的结论。

一、非欧几何诞生的缘由

考察非欧几何的起源，要追溯到欧几里得（Euclid）《几何原本》中的公设，共有 5 条：

（1）从每一点到另一点可引直线。

（2）线段可无限延长。

（3）以任意点为中心可作半径等于任意长的圆。

（4）所有直角都相等。

（5）一条直线与两条直线相交，如果此直线一侧的两内角之和小于两直角，那么另外两条直线延长至足够长之后在两内角所在的这一侧相交。

其中第五条公设叙述复杂、冗长，远不如其他公理公设那么简明、直观。而且人们发现欧几里得本人也尽量避免应用这条公设，于是很自然地让人们产生能否不用它的愿望，因此从希腊时代开始到 18 世纪末，数学家们一直努力研究第五公设。研究的途径有两种：第一种是用更为简单明了的命题来代替第五公设；另一种是从其他几个公理或公设推导出来。

在研究的过程中，出现了几百个替代公设，今天常用的是"过直线外一点有且只有一条直线与已知直线平行"公设。现在中学数学教科书中也常用这一叙述形式来替代第五公设。但是这些替代公设和第五公设一样不好接受，不自然。①

在第二种方面进展有意义的是 18 世纪中叶，代表人物有意大利数学家萨凯里、瑞士数学家兰伯特等。萨凯里试图从其他几个公理或公设推导出第五公设，从而说明它是一个定理，把它从公设中请出去，他的工作如下：有一个等腰双直角四边形 $ABCD$（萨凯里四边形），如图 1，$\angle A = \angle B = Rt\angle$，且 $AD = BC$，容易证明 $\angle C = \angle D$，$\angle C$ 和 $\angle D$ 的关系可能有三种情况：

（1）直角假设：$\angle C$ 和 $\angle D$ 是直角；

（2）锐角假设：$\angle C$ 和 $\angle D$ 是锐角；

（3）钝角假设：$\angle C$ 和 $\angle D$ 是钝角。

图 1

可以证明直角假设等价于第五公设。只需证明（2）和（3）导致矛盾，根据归谬法就只有（1）成立，从而得到第五公设的证明。他假定在直线为无限的情况下得出假设（3）矛盾。然后在假设（2）下证明了许多有趣的定理，如三角形的内角和小于 180 度，过直线外一点至少有两条直线与已知直线平行等。他认为这些结论太不合情理了，于是认为自己推导出了矛盾，便判定锐角假设不成立。但在今天看来，锐角假设是成立的，它就是罗巴切夫斯基几何的基础之一。

把第五公设研究更推进一步的是兰伯特，他不认为锐角假设导出的假设是矛盾，而且他认识到一组假设如果不引起矛盾的话，就提供了一种可能的几何。因此，兰伯特最先指出通过替换平行公设而展开新的几何学的道路。② 萨凯里、兰伯特实际上已走到非欧几何的门槛，但由于时代的限制，他们并没有跨越进去。

---

① 王功琪，项昭. 从平行公设的研究到非欧几何的创立. 贵州教育学院学报：自然科学，2008（12）.

② 李忠. 非欧几何及其模型. 数学通报，2005（4）.

二、非欧几何的创建

非欧几何学的创立，应直接归功于三位伟大的数学家高斯（Gauss）、波约（J. Bolyai）和罗巴切夫斯基（H. N. JIoqahe－BCKNN）。从时间上讲，最早的创立者应是负有"欧洲数学之王"盛名的高斯，尽管在罗巴切夫斯基诞生的那年，他就已经有了非欧几何思想的萌芽，但是担心新几何的问世会招至学术界的"马蜂"在头上飞舞和社会上"愚人的喊哄"，不愿把自己的研究成果公之于世，也不肯公开支持别人的非欧几何研究，只是把自己的发现写在日记和与朋友的往来书信中。高斯世界观的两重性，严重限制了他在非欧几何研究上所能达到的高度。这是因为在当时康德是哲学界的权威，且康德的唯心主义空间学说和在数学界占统治地位的所谓现实空间只能是欧氏空间这一旧传统观念，这给高斯造成很大的精神压力，因而毕其一生关于此问题也没有发表什么意见。

预见非欧几何的第二人鲍耶（John Bokyai，1802～1860），在青年时代就醉心于第五公设的证明。他不顾父亲的劝告，坚持研究，终于建立了非欧几何。1823 年 11 月 3 日，他高兴地写信告诉父亲："我已从乌有中创造了另一个新奇的世界。"当他的父亲把鲍耶的研究成果写信告诉高斯的时候，高斯感到十分吃惊，回信说："这和我 40 年来沉思的结果不谋而合。"鲍耶看到高斯的回信，大大刺伤了自己的自尊心，反而怀疑高斯剽窃他的成果。从此消沉下去，不再研究这一问题。高斯的保守，鲍耶的消沉，使非欧几何的诞生推迟了时间。

在非欧几何方面论著最多并为确立和发展非欧几何抱着始终不渝的信念的，当属罗巴切夫斯基，而他创立该学说的道路也充满坎坷曲折。这是因为罗巴切夫斯基的新学说，违背了两千多年来的传统思想，动摇了"神圣不可侵犯"的欧几里得的权威基础，同时违背了人们的"常识"。他的学说一发表，社会上的嘲弄、攻击、甚至侮辱、谩骂，暴雨般地袭来：科学院拒绝接受他的论文，大主教宣布他的学说是"邪说"。大多数的权威们称罗巴切夫斯基的学说是"伪科学"，是一场"笑话"。即使那些心肠比较好的人最多也只能抱着"对一个错误的怪人的宽容和惋惜态度"。连不少著名的文学家也起来反对这种新的几何，如德国诗人歌德，在他的名著《浮士德》中写下了这样的诗句：有几何兮，名曰："非欧"，自己嘲笑，莫名其妙！面对种种攻击、嘲笑，罗巴切夫斯基毫不畏惧，寸步不让，他像屹立在大海中的灯塔，表现出一个科学家"追求科学需要的特殊勇敢"（伽利略语）。罗巴切夫斯基坚信自己学说的正确性，为此奋斗一生。从 1826 年发表了非欧几何体系后，又陆续出版了《关于几何本原》等八本著作。在他逝世前一年，他的眼睛差不多瞎了，还口述，用俄、法两种文字写成他的名著《泛几何学》。[①]

下面谈一谈罗巴切夫斯基在研究非欧几何上是怎样从失败走上成功之路的，以及在非欧几何创立过程中所提出的重要思想方法以及给我们的启发又有哪些。

开始时罗巴切夫斯基像所有其他研究者一样，也是沿着前人走过的失败道路出发的，试图给出第五公设的证明。但是，罗巴切夫斯基不久便意识到，他的证明尝试遭到了失败。他在 1822～1823 学年度的教学笔记中写道："平行线问题是几何学中的另一个困难，这个困难至今还没有被战胜"，"到目前为止，战胜这个困难的全部努力都是徒劳的"[②]。

其实，早在罗巴切夫斯基之前，就已有不少人对以往的错误与失败做过考察，但他们仅仅从逻辑上进行推敲，找到逻辑破绽之后，只是一笔勾销就算了之。因而，他们总是在放弃一种错误证明之后，又去着手进行另一种错误的证明，从一个死胡同退出来，又转身拐进另一个死胡同。

罗巴切夫斯基与这些人截然不同的是，他没有停留在对错误与失败的表面认识上，没有局限于单纯从逻辑上对以往的证明进行审查，而是别开生面地从"所研究的对象"、"所采用的方法"等几个方面，[③] 对前人和自己的证明进行了细致的鉴别，以从中筛选出正确与成功之路。

罗巴切夫斯基察觉，以往数学家所以一味追求第五公设的证明，是因为他们的思想存在片面性，自以为第五公设是一个可证明的定理，因而"把自己的思路局限了起来，以致所做出的全部努力都白费了"[④]。罗巴切夫斯基就是这样，捕捉到了导致错误与失败的根本原因，并从中打开了一条新的思路，大胆提出了第五公设问题的"反问题"，即第五公设在数学上是不可证明的，用他自己的话说就是"我推断，不依赖于经验，去寻求这个真实性的证明是徒劳的"，因为"这个真实性还没有包含在我们对现实事物的概念自

① 彭林. 非欧几何的由来. 中学数学教学参考，2004（5）.

② 李文林. 数学史概论（第二版）[M]. 北京：高等教育出版社，2004.

③ 李文林. 数学史概论（第二版）[M]. 北京：高等教育出版社，2004.

④ 赵树智. 非欧几何创立的方法论意义：罗巴切夫斯基是怎样走上成功之路的. 东北师范大学学报：自然科学版，1983.

身中"①。

罗巴切夫斯基的主要思想，就是保留了平行线公理以外的欧几里得的公设、公理及前面的那些定理等，把平行线公理加以否定，做成它的否定命题加入这个系统中。如果平行线公理是这个系统的推论，那么把否定的命题加入之后一定会产生矛盾的结果。所以相反，如果加入否定命题后，这个扩大了的系统仍然没有矛盾的话，也说明了平行公理是不能由前面的那些公理、公设、定理来证明的。这样，罗巴切夫斯基便代替了平行线公理得到罗巴切夫斯基平行公理。即：

已知直线外一个已知点，至少可以作两条直线与已知直线平行。

如果保留欧几里得的公设、公理，但是代替了平行线公理而采用罗巴切夫斯基平行公理，便得到一种新的几何，罗氏很兼虚地称这种几何为拟像几何学，其实这就是罗巴切夫斯基几何。

事实上第五公设的否命题还有一个，这就是后来德国数学家黎曼（Bemhard Riemann）改写的第五公设，即黎曼公设：过平面上直线外一点作不出与已知直线平行的直线。

用他们的公理来替换欧氏几何的第五公设，想这样导出与欧氏几何矛盾的结论，却建立了与欧氏几何完全不一样的理论体系，非欧几何。罗巴切夫斯基和黎曼的贡献不仅仅在于创立了新的几何理论，更重要的在于他们冲破了传统的思维方式，在人类认识史上起着一个里程碑的作用。它不仅在数学内部产生出一些重要的分支，促进了近代公理化体系的形成，拓展了数学的应用领域，且在思想观念上迫使数学家们从根本上改变对于数学的性质与客观世界关系的理解，发起了关于数学基础问题的讨论和深入研究，影响了后来整个数学的发展过程，引起了人们整个思想认识的重大变革。

非欧几何的确立解放了人类思想，此后新见解、新观点不断涌现，"数学显现为人类思想的自由创造物"。数学的发展使康托由衷地说道："数学的本质在于其自由。"② 一种思想活跃而且民主的艺术气氛，使数学以前所未有的速度向前发展。非欧几何曲折的创建历程及其所带来的数学的发展，使人们意识到自由创造、百家争鸣对科学发展的重要性，促使人们树立宽容、包容一切的精神与美德。

① 夏敏学. 非欧几何的创立与其在思想、理论上产生的影响：非欧几何的创立. 空军雷达学院学报，2000（2）.

② 张卓飞，严秀昆. 非欧几何的发展史及其启示. 湖南城市学院学报，2007（9）.

三、理解非欧几何的一个例子，从直线入手

从欧几里得的几何到非欧几何的正式诞生，中间相隔两千多年，这件事情从现在来看并不困难，并不需要多么高的技巧去否定掉第5公设，用它的反面去代替它，然而这一步路走了两千年，其中许多原因值得我们深思。非欧几何的困难是观念上的，而不是技巧上的。观念上的定向思维和偏见犹如行驶中的火车，很难改变方向。欧氏几何中研究的最基本的对象"直线"和非欧几何中的"直线"形象却不太一样，这是因为欧氏几何更符合人们的直观，符合人们通常的想象，即使数学家也难以很快摆脱常识和经验的纠缠，那非欧几何中"直线"的形象又是怎样的？我们试图从几何研究基本对象"直线"谈起，让我们的思维打破欧氏几何的框架走入非欧几何的大门。

"两点间直线距离最短。"这是一个十分显然的事实，有人开玩笑：前面有块肉骨头，连狗都知道沿直线跑过去。（如图2，在小狗前面有块肉骨头，没有水塘的阻碍，小狗会沿着直线 AB 方向前进）这句话没错，但有时会变得更复杂。这里说的最短，其实也是最快。

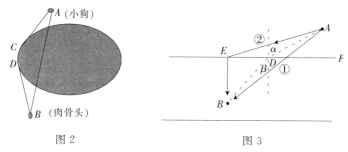

图 2　　　　　　　　　　　　　图 3

狗沿直线跑过去最快，这里还有一个条件，就是在"均匀"的欧氏空间。若空间"不均匀"，事情也比较复杂。如果狗与肉骨头之间有一个大水坑，狗若从直线过去要经过水坑就不会最快，这时聪明的狗会绕过水坑走一条曲线。此时，对于小狗来说，线 $ACDB$ 是直线，还是线 AB 是直线呢？那要看直线的标准是什么？

其实在日常生活中直线"直"的标准有以下几条：

（1）两点间最短路线；（2）光走直线；（3）拉紧了的线。

当然，还可以找到其他标准，这些标准之间会矛盾吗？实践告诉我们，这几条标准不但不会矛盾而且（如拉紧了的线自然是最短路线）是一致的。光走直线其实指的是最短的线。光的折射和反射可以证明光线所走的路径是所有路线中最短的一条线路。现在，我们回头看一下线 $ACDB$ 和线 AB 哪

一条是直线。按照直线的标准来说曲线 $ACDB$ 是直的，反而直线 AB 是曲的。

如图 3 所示，假定海滩上有一名救生员在 A 点，海中有一个小孩在 B 点求救，假定救生员的速度为 $v_1=c_1$，在水中速度为 $v_2=c_2$，当然，救生员在海滩上奔跑的速度远大于在水中游泳的速度。

现在救人要紧，越早到达溺水者越好，如取①线路朝向游泳者，大家知道两点间最短距离是直线，但由于在海里距离较长，海里游泳速度较慢，故第①条路线不是明智的策略。若认准沙滩上一点 E，使这点 E 到溺水者受困处 B 是海滩垂直线。这样②路线虽然长了，但在水中的时间较少，故有可能更快。现在如何选择海滩与海交界线上的一点 D 以使此路线最快？当然，可以算出从 A 到 B 的最短路线既不是第①条路线，也不是第②条路线，最佳路线恰在两者之间，这条最佳救人路线恰好与光线经过水中折射的途径相同。假设图 3 的上部是空气，下部是个水箱，EF 是水面，设光线在空气中的速度为 $v_1=c_1$，在水中的速度为 $v_2=c_2$，奇怪的光线非常"聪明"，当光线从 A 到 B 时必定会选择这样一条最快的路，上面的条件正好符合光学的折射定律：入射角 α 的正弦与折射角 β 的正弦之比等于媒质中的光速之比，即 $\dfrac{\sin\alpha}{\sin\beta}=\dfrac{c_1}{c_2}$。

上述问题是一个"不均匀空间"，这是简单的"非欧空间"，在这个空间中的一条"非欧直线"是折线 ADB，相反，通常情况下的直线 AB（第①条路线）反而是曲线。

若问题中海域分为浅水区和深水区，请看图 4，若在海滩上的速度为 v_1，在浅水区的速度为 v_2，在深水区的速度为 v_3，则从 A 到 B 的最佳路线为折线 $ACDB$。假定海水区域可以随便划分，游泳的速度也随海水区域划分而改变，那么非欧几何中的"直线"越来越折成为一条"曲线"。在欧氏几何里的"曲线"

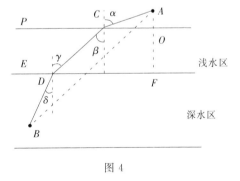

图 4

在非欧几何却成为"直线"。欧氏几何中的"直线"却在非欧几何中成为真正的"曲线"。可见，"直线"必须相对于系统来讲，没有超越系统之外的绝对直线。非欧几何里的直线的性质当然不同于欧氏几何里的直线，所以，非欧几何的直线不像"直线",倒像"曲线",这是相对于欧氏几何而言的。

如果上述救生员问题中的非欧几何"直线"不足以给你"直"的形象,那么下面在广阔的宇宙中讨论非欧几何"直线"的形象。(其实爱因斯坦广义相对论就建立在非欧几何上)

如图 5 所示,在 1919 年 5 月 29 日,英国天文学家亚瑟·斯坦利爱丁顿(1882～1944)带领了一个远征观测队来到靠近非洲海岸的普林西北岛去拍摄日全食,来验证爱因斯坦广义相对论学说。爱丁顿发现,数千年前离开恒星表面的光线,仅仅在 8 分钟前穿过太阳附近的扭曲空间发生了弯曲,这些光线穿过了镜头曝光在底片上的位置正如爱因斯坦所说的那样,从而完成了科学史上最重要的实验。[①]

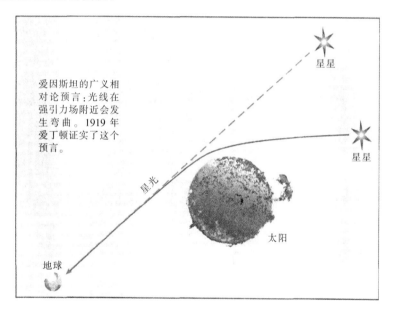

爱因斯坦的广义相对论预言:光线在强引力场附近会发生弯曲。1919 年爱丁顿证实了这个预言。

图 5

物体本来走一条直线,如果没有引力球场,没有空间弯曲,可用如图 6 所示的模型说明:在一个石板台上将铺着毛毡的台球桌换成一个绷紧的薄的橡皮面,这个橡皮面具有高度的弹性,如果一个很轻的物体如乒乓球(或者更轻如光线)从面上滚过,它会沿着一条直线运动,这就是欧氏空间里的直线运动。

① 胡兵志. 扭曲的世界. 科学世界,2010 (10).

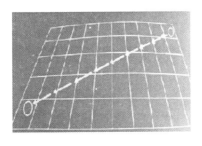 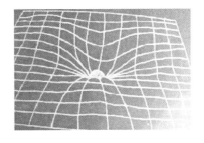

图 6   图 7

现在如在橡皮面的中心放一个较重的台球，那么它就会下陷，导致了面的弯曲，这个模型模拟了一个中心质量很大使周围的空间弯曲的情形。（如图 7 所示）

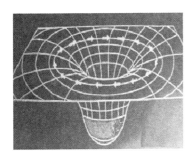 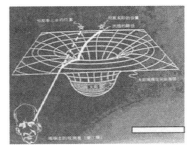

图 8

我们不妨将太阳想象为一个超级大球，静卧在一条橡皮床单上，一个在太阳附近的较少的质量的物体（例如地球），将会沿着橡皮床单向太阳压出的凹陷部分滚动。实际上，太阳的质量已经将它周围的空间扭曲变形，因为空间不是平坦的，所以欧氏几何的性质不再保持，所以出现在太阳引力场中可以观测到光线弯曲的现象，如上述爱丁顿的实验。[①]

用宏观宇宙的星空所举的两个"非欧直线"的例子，总让人有几分陌生和遥远之感。其实，我们身边还有不少"非欧直线"的例子。例如，在篮球上有两点 A，B，蚂蚁从 A 点爬到 B 点觅食物，如何求出 A，B 两点间最近的路线？倘若有困难，可以拿一根细线经过 A，B，然后把细线拉紧，则经过 A，B 的细线就是最短路线。最短路线 AB 不是直线，它是经过球心的大圆的劣弧。下面给出经过 A，B 两点的圆弧中，只有大圆弧 AB 的长最短的证明。

---

① ［英］ＪＰ麦克沃伊，［英］奥斯卡·扎拉特. 斯蒂芬·霍金. 储亚萍，译. 合肥：安徽文艺出版社.

定理：球面上联结两点的大圆上的"劣弧"长小于联结的小圆弧长。

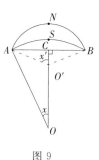

图 9

证明：设 A，B 是球面上两点，$\overset{\frown}{ASB}$ 是联结 A，B 两点的大圆弧（劣弧），$\overset{\frown}{ANB}$ 是小圆弧，因为小圆弧的半径小于大圆弧半径，所以如果我们把这两段弧放置到同一平面上就得到如图 9 所示的图形，其中 OA 是大圆弧的半径，$O'A$ 是小圆弧的半径。

如图，设 C 是 AB 的中点，$\angle AOC = x$，$\angle AO'C = x'$，$OA = r$，$O'A = r'$，$AC = a$，

显然 $0 < x$，$x' < \dfrac{\pi}{2}$，

由 $r > r'$，知 $x < x'$，

另一方面 $\sin x = \dfrac{a}{r}$，$\sin x' = \dfrac{a}{r'}$，

$\overset{\frown}{ASB}$ 的弧长 $= 2rx$，所以 $\overset{\frown}{ASB}$ 的弧长 $= 2a\,\dfrac{x}{\sin x}$，$\overset{\frown}{ANB}$ 的弧长 $= 2a\,\dfrac{x'}{\sin x'}$，利用导数知识知道函数 $y = \dfrac{x}{\sin x}$（$0 < x < \dfrac{\pi}{2}$）是单调增加的。

（$y = \dfrac{x}{\sin x}$，$y' = \dfrac{\sin x - x\cos x}{\sin^2 x}$，当 $0 < x < \dfrac{\pi}{2}$ 时，$\sin x - x\cos x > 0$，$y' > 0$，故 y 是单调增加的）故当 $0 < x < x' < \dfrac{\pi}{2}$ 时，$\dfrac{x}{\sin x} < \dfrac{x'}{\sin x'}$，所以 $\overset{\frown}{ASB}$（大圆弧长）$< \overset{\frown}{ANB}$（小圆弧长）。证毕。

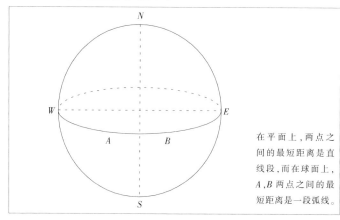

在平面上，两点之间的最短距离是直线段，而在球面上，A，B 两点之间的最短距离是一段弧线。

图 10

通过上述证明，拉紧的细线 AB（即过 A，B 两点的经线）就是篮球面上的非欧直线。有人说，圆是曲线，并不是直线，这没有关系，如果我们把篮球想象成地球，有人从 A 点走到 B 点的最短路线就是过 A，B 两点的经线。如图 10 中过 A，B 两点的经线就是球面上的"非欧直线"。经线又称为测地线（希腊语几何学的来源）。生活在地球上的居民，向远处望去，球面感觉是平坦的，线条感觉是直的。

在地球上一个狭小的空间里，非欧"直线"的形象是符合欧氏几何直线形象的，但从整个地球来看，经线就是一条"非欧直线"。虽然是曲的，但它体现直线的标准。人类居住在地球表面，假定想要建立一种恰好适应于这种地球表面的几何学，那应该是球面几何——黎曼几何，（地）球（表）面上的"直线"显然是联结两点所组成的最短路径的曲线，即联结任意两点的大圆，而不会选择我们在欧氏几何中所熟悉的直线来作为表示两点之间最短路径的曲线，因为直线在地球球面上根本就不存在。但在黎曼以前，谁也没有意识到应该发展出球面几何，以得到一种真正能够反映我们居住的地球的几何。人类为什么会发展出欧氏几何并对它如此坚信呢？答案是不难得出的：人类居住在一个非常有限的区域内，在这有限的区域里，地球的确看起来是平坦的。在一个平坦的表明上，两点之间的最短距离当然就是一般意义上的直线。利用绷紧的弦来表示直线，就自然而然地发展出了欧氏几何。从 16 世纪起，人们就已经知道了地球是一个球体，但是依然没有想到要发展一套能够直接应用于我们居住的地球表面的几何体系，原因是，人们常常根据片面的经验形成一种观念或者理论，而后又深深地为习惯思维、社会习俗、常规所束缚，于是再很难接受一种与其不同的新理论。

四、再谈罗巴切夫几何中的两线平行

欧几里得的几何体系中的第 5 公设改为：过直线外一点至少可以作两条直线与已知直线平行，而保持其他公设不变，这样得出的几何体系称为罗巴切夫几何。如何理解罗氏几何中的第 5 公设呢？这对于欧氏几何中形成的根深蒂固的两线平行观念确实有很大的困难。下面我们还从熟悉的海滩救生员路线读起。

海滩上的救生员听到海水中 B 处有人求救，假定救生员在海滩上的速度为 $v_1 = c_1$，在水中的速度为 $v_2 = c_2$，由于救生员在海滩的速度远大于在水中的速度。通过计算可知：最短路线既不是路线①，也不是路线②，最短路

线应是路线①和②之间。由物理学知识得 $\dfrac{\sin \alpha}{\sin \beta}=\dfrac{c_1}{c_2}$。

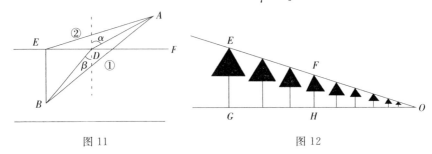

图 11   图 12

上述的问题可以换一种说法：

将图 11 看成一个"不均匀"的空间，它的上、下部用的"比例尺"不同，比如上部（海滩）中 1 厘米代表 1 公里，即比例尺 $C_1=1：10^5$，下部（水）中 1 厘米代表 4 公里，即比例尺 $C_2=1：4\times10^5$，这样我们就可以不涉及"时间、速度"等物理学的概念，上面的问题就变成：联结 A，B 两点，怎样使曲线最短？虽问题的提法不同，但问题的实质一样：只要当 $\dfrac{\sin \alpha}{\sin \beta}=\dfrac{c_1}{c_2}$，从 A 到 D 再到 B，距离最短。

图 12 表示路边一排等高度的照片，在照片中"远处"的树较"矮"，"近处"的树较"高"，这说明照片中的比例尺不同，即度量不同。

"近处"的 1 厘米若代表真实的 10 米，即度量较小，"远处"的 1 厘米代表真实的 40 米，即度量较大，这说明非欧几何并不神秘，一张照片就是非欧空间。图 12 中出现了一些非欧几何中没有的"怪"现象，如照片中直线 EF，GH 并不平行，可谁也不会置疑它们是照片"世界"中的平行。照片的 O 点是无穷远点，我们可以想象，照片中的"人"是不能从 G 走到 O 的，因为 O 是无穷远点，O 点是不可能达到的。通过图 12 照片中的非欧几何现象得知，欧氏几何中看似相交的两直线，在非欧几何学中不一定相交，那么罗氏几何的第 5 公设可以做以下理解：经过直线 a 外一点 A，可以作两条直线 l_1，l_2 与 a 平行。因此也就一定可以作无穷多条直线与 a 平行。事实上，夹在 l_1 与 l_2 之间的任何直线都与 a 平行，在这一束与 a 平行的直线中那两条"临界"的直线（如图 13 为 l_1 和 l_2）特别重要。所谓"临界"就是指所有其他平行线都夹在它们之间，它们是整个平行线束的边缘，越出它们的范围，如直线 l_3，l_4 就不再与 a 平行。

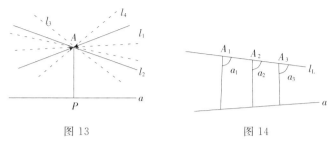

图 13　　　　　　　　　　　　　　　　图 14

从 A 作 a 的垂线 AP，容易得知临界直线 l_1 与 l_2 关于 AP 对称，它们与 AP 的夹角相等，记为 α，称之为"临界角"。如图 14 中临界直线 l_1 上的各点与 a 的距离并不相等（在欧氏几何中平行线之间的距离处处相等），从左到右距离越来越短，并且趋于 0，但始终不相交，l_1 上不同的点（A_1，A_2，A_3）有不同的临界角（α_1，α_2，α_3 两两不等），随着距离的减少（往右）临界角增大（趋于但永远达不到 90°）。如图 14，$\alpha_1 < \alpha_2 < \alpha_3$，临界角 α 的距离 r 的一个确定函数：$\alpha = \alpha(r)$，这个函数非常重要。临界直线 l_1 与直线 a 这一位置关系，与初中阶段所学反比例函数 $y = \dfrac{k}{x}$（$k > 0$）的图像（如图 15）在第一象限的一支双曲线与 x 轴的情况类似。

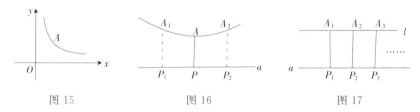

图 15　　　　　　　　　图 16　　　　　　　　　图 17

如图 16，过 A 点作直线 l 与 AP 垂直，则 l 也与 a 平行，但它不是临界直线，它夹在临界直线 l_1 与 l_2 之间，l 与 a 的距离也并不处处相等，而是在 A 点处距离相等，向两边延伸则对称地增大，$AP < A_1P_1 = A_2P_2$。

那么是否存在与 a 的距离处处相等的直线呢？如图 17 所示，存在这样的处处与直线 a 距离相等的线吗？但这样的直线 l 已经不是非欧几何中的直线，而是非欧几何的曲线。在图 13 中，过直线 a 外一点 A 作两条直线 l_1，l_2 与已知直线 a 平行，其实这个草图中的非欧几何"直线"的形象是借助于欧氏几何"直线"的形象。非欧几何"直线"的形象都类似于欧氏几何曲线的形象。为了更好更直观地了解罗氏几何，下面介绍一下法国数学家彭塞列所构造的模型，它是帮助大家理解这种几何学的一个很好的模型。

如图 18 所示，这个模型是由直线上半平面组成。罗氏几何的直线 EF

是指圆心在 a 上且经过 E，F 两点的半圆，由于 x 轴上的点相当于照片中的无穷远点，是永远不能到达的。因此罗氏直线 EF 的长度是无穷大的，越靠近直线 a 上的点，它们两点间长度就越大，直至无穷大。由于圆心在 a 上，经过 E，F 两点的半圆是唯一的，因此，罗氏几何中"两点仍确定一条罗氏直线"。

若救生员在 E 点，溺水者在 F 点，则救生员沿罗氏直线 EF（弧 EF）线路长度为最短，相反沿线段 EF 则较长。

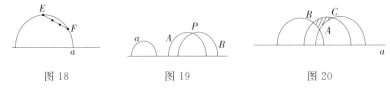

图 18　　　　　　图 19　　　　　　图 20

如图 19 所示，罗氏直线 AP 和 BP 相交有且只有一个交点 P，和欧氏几何两直线相交有且只有一个交点 P 是相同的。P 点在罗氏直线 a 外，过 P 点则可以作无数条直线与已知罗氏直线 a 平行。如图 AP 和 PB 都和已知直线 a 平行，同时，平行线直线 a 和 AP 之间的距离是不相同的，这些特征都与欧氏几何不一样。如图 20 所示，阴影部分 A，B，C 三点所确定的三角形为罗氏三角形，这样三角形的内角和小于 $180°$，罗氏几何中不存在相似而不全等的三角形，在罗氏几何中，相似三角形必全等。值得一提的是，在罗氏空间中的一个观察者距离 a 越远，他看到的罗氏直线就越"直"，他观察到的各种结论就越接近欧氏几何[①]。从这一点来看，欧氏几何是罗氏几何的一个极限情况。

---

① 张顺燕. 数学的美与理. 北京：北京大学出版社，2004.

第四章

严谨的数学——代数学中的答案和困惑

从数 "1" 到字母 "x"

今天，我们可能对从 1 数到 10 这样的小事不屑一顾。因为数数对幼儿园的小朋友来说是一件非常容易的事，但你是否想过，在上万年前，我们的祖先为了这事可煞费苦心。人类的祖先不是一开始就认识数的，先经历了一个从无到有、多与少的过程，再到用具体事物代表数目，这时的数目不涉及数的顺序。原始时代的人类，必须每天外出狩猎和采集果实以维持生存，有时满载而归，有时空手而归，有时带回的食物有富余，有时却填不饱肚子。

起初人们只能认识 "有" 或 "没有"，后来，在长期的采集、狩猎等生产活动中，人们开始注意到了一只羊与许多羊、一棵树与很多树在数量上的差异，于是建立了 "多" 与 "少" 的朦胧意识。逐渐地，人们又意识到了一只羊、一头狼、一条鱼、一棵树之间存在着某种共同的特点，由此慢慢地就抽象出了 "1" 这个数的概念。其实从一只羊、一头狼、一条鱼、一棵树等到数 "1"，浓缩的是人类几千年发展的结果，有这么一则故事述说着我们的先民对数的最初认识。

在一个原始部落里，有两位智者，很受大家尊重，经常充当咨询顾问一类的角色。但他们之间往往互不服气，于是决定在部落大会上搞一次智力竞赛。比赛的题目很单纯：谁说出的数大，谁赢。

比赛开始了。甲先说出："一。"

乙看了看甲，想了半天说出："二。"

这回轮到甲再伤脑筋了，他拍了一会儿脑门，突然高兴地大声说："三！"

发言权又转到乙的手上。他绞尽脑汁，最后不得不沮丧地对甲说："你赢了。"

这个故事多少有些挖苦人，似乎只能算笑话，但千真万确地反映了原始社会对数的认识的艰难。但与其说是艰难，倒不如说是从数量到数这一步很难迈过的坎。

从用具体的事物来代表数目到用抽象的符号表示数目，经历了一个漫长的过程，也是一次数的认识的质的飞跃，也许有人会问：结绳记数不是表示数吗？一个绳结与数字 "1" 不一样吗？"一个绳结" 与 "1" 之间的差距大着呢！"一个绳结"到"1"是数字认识上质的飞跃。这是为什么呢？想搞清楚这个问题，先要搞清楚"1"是什么。是一个绳结吗？是一颗石子吗？是一只羊吗？是一个苹果吗？

都不是，如果它是一个绳结，就不能又是一颗石子、一只羊或一个苹果。可在我们实际使用它的时候，它可以既是一个绳结，又可以是一颗石子、一只羊、一个苹果，它还可以是一个别的什么东西。可以说，1是高度抽象的结果。

如果现在嘴上正吃着一个苹果，你看得见、摸得着，尝得是香甜，是具体的东西。但如果只说一个苹果，就不具体，它是大的还是小的，是嫩红的还是青的，是山东的苹果还是陕西的苹果？总之，苹果是抽象的，不是具体的。所以当人们说到"一个苹果"时，我们只知道它是哪一类的东西，要从具体事物中得到抽象的概念，再根据具体事物来理解抽象概念。

一个绳结、一颗石子、一只羊、一个苹果，都是抽象的概念。它已丢掉了事物的许多具体特征：如绳结的大小、石子的形状、羊的颜色、苹果的口味等。这些还不算太抽象，因为它们是从具体事物直接抽象而来的，在这个基础上，再抽象一次，把绳结、石子、羊、苹果这些东西舍掉，便剩下一个赤裸裸的1。我们对它知道的更少，它不是一个绳结、一颗石子、一只羊、一个苹果或一个别的什么，它是纯粹的1。

数是具体事物的数目高度抽象的结果，从具体事物表示数目到用符号表示数目，是艰辛而漫长的过程。英国数学家罗素（Russel，1872—1970）说过："不知道要经过多少年，人类才发现'一对锦鸡'和'两天'都是数字2的例子"，抽象符号的出现是记数史上的一大飞跃。

我们的先民对数的观念是如何从模糊到清楚、从清楚到纯粹的呢？有一种说法，人类所认识的自然数是从1和2开始的，只是因为从旧石器时代晚期的二元对立观念的产生说起。因为只有产生了对立观念，数才能起源，单个的事物是不能形成数的观念的。在对立统一规律中，一方相对于另一方而存在。数字中的1和2的关系也如此，它们共存共亡，共生共灭。1和2是同时起源的，并且这一组对立形成之后，按一分为二的对立原则不断扩大使用。也就是说，人脑思维的对立运动首先萌生了1和2这两个基本的数的概念，然后才有可能发展和扩大以滋生更多的数。如："道生一，一生二，二生三，三生万物。"（《道德经》）道作为本体生阴和阳（刚和柔、黑和白、虚和实等），阴和阳相当于一和二。有了一和二，后继的自然数就自然而然地产生了。从这个意义上说数起源于二元对立的出现，二元对立观念是数的起源史上第一个里程碑。然而，此时人们仅有了数的意识，远未产生纯粹的数的概念。

有了数的意识，接下来应如何表示数呢？从现有的考古资料看，几乎所有的古文明都经历过"结绳记数"、"刻痕记数"和"小石头表示数"等阶段，只是各自的形式不同而已。逐渐地，这些不同形式的"刻痕"或"打结"就演变成了不同的书写符号和记数系统，如：公元前 3400 年左右出现的古埃及的象形数字，公元前 2400 年左右出现的巴比伦楔形数字，公元前 1600 年左右出现的中国甲骨文数字，以及年代不详的玛雅数字，等等。记数系统的出现使人类文明向前迈进了一大步，人们开始借用符号来表示数，最初记数时并没有进位制，当结绳或书契记数时，有多大的数目就结多少个绳结或刻多少道痕迹。但自然数越来越大，绳子是有限的，这自然会产生矛盾，有这么一则笑话反映了人类在最初记数时的困境。

从前有个土老财，目不识丁，于是请了个先生教他儿子读书。先生来了，先教财主儿子描红。描一笔，先生就教道"这是'一'字"；描两笔，先生便教道"这是'二'字"；描三笔，先生又称道"这是'三'字"，"三"字刚写完，财主儿子便哈哈大笑，嘣嘣跳跳地去找土老财，连声说："太容易了，太容易了，字我已经都会识了，不用请先生了"，土财主自然很高兴，辞了先生更省了钱，不久，财主请一个叫万百千的人来喝酒，就叫儿子写请帖。不料过了许久，仍不见儿子拿贴来，只好到书房去找，到了书房，只见儿子满头大汗，见面就埋怨说："这位客人的姓名也太古怪，什么不好叫，偏叫万百千，我一早到现在忙个不停，也才描了五百多画，干脆把扫帚拿来画，还快一点儿。"

上述故事虽然是笑话，即数有无穷个，如何用有限的符号表示无限的数呢？其实我们祖先刚开始记数时，也遇到过类似尴尬的情况。随着文明的进步，人们需要记载的数目越来越大。为了更简明地记数，就产生了进位制。进位的方法是造新的数目符号代替原来同样大的数，数字进位的表示方法主要有三种：简单累数制、逐级命数制、乘法累数制。根据考古学家提供的证据表明，人类在 5 万年前就采用了一些记数方法，最早采用的进位制有二进制、三进制、五进制、十进制、二十进制、六十进制等。

数的发展过程可以这样总结：先有多和少、有和无，再到具体的数量，然后从数量抽象出自然数，可见"自然数"的意义有漫长的历史，几乎是世界各地数学史的起点。当人们开始从"两棵树、两只飞鸟"中发现共同不变的部分是数字"2"时，把量的部分即"棵和只"提取出来，这种"提取"

的前提是人们认识到数数活动的数学本质：一一对应和"序"关系，"结绳"计数的时候，由变的部分——量"提取"不变的部分——数，这标志着人类的数学史迈出了重要的第一步。

那么第二步应是什么呢？先看一例：一只青蛙，一张嘴，两只眼睛，四条腿，扑通一声，跳下水；二只青蛙，二张嘴，四只眼睛，八条腿，扑通二声，跳下水；……

这是我们熟悉的童谣，在这首童谣中，变的是数量，不变的是它们之间的数量关系，如何一言以蔽之呢？一个简便方法是用字母表示童谣，即：n只青蛙，n张嘴，$2n$只眼睛，$4n$条腿，扑通n声，跳下水。有限和无限是矛盾的一对，数学课中面对无限我们有很好的办法来对付，如上述歌谣中的一只青蛙、两只青蛙、三只青蛙、……，不管你嘴巴说得多快，也都说不完这首歌谣，但是数学中引进字母n表示数，你说字母是具体的自然数吗？肯定不是，那n是什么呢？n（nature number）是任意自然数中的一个。如果小学一年级学生能算"$17+25$"，并能准确回答出42，就很不错了，但这对于中学生来说不算什么，因为对小学生来说只要求知道计算具体的数字，可是对中学生来说要超越具体的数字计算，从特殊上升到一般，即普通的加法运算。打个比方，小学生计算"$17+25$"，老师给一个算式，它就计算一个，这是典型的小学生，一是一，二是二，不能搞混，要清清楚楚，明明白白，就如同计算器，你给出两个数，它就计算一次。到了中学，我们就要糊涂，糊涂到分不清一和二，到最后就变成这么一类数，用字母n表示。从这层意义上说，难得糊涂是一种很高明的数学想法。中学生其实就是计算器背后的程序编程师，要编的是"$a+b$"这么一类计算，正因为有了计算一类的想法，才有现在的计算机，方便我们的生活。在现实生活中，如失物招领启事：某同学拾金不昧，捡到皮夹一个，上交德育处，里面有n元钱，请失落的同学到德育处认领。为什么要用n元钱表示呢？再如平常用语中"有n个理由说不"。可见字母表示数已经深入生活用语。

用字母表示数，这在今天学过代数的人看来是一件稀松平常的事情，当年，中国第一部符号代数教材《代数术》的翻译者李善兰（1811—1882）和伟烈亚力（A. Wylie，1805—1887）所创"代数"一词，正是取"用字母代替数"之义。但是，如果我们追溯代数学的历史，就不能不感到惊讶：用字母表示数的历史竟是如此漫长。美国数学家和数学史家 M. 克莱因在批判"新数运动"时曾指出："从古代埃及人和古巴比伦人开始，直到韦达和笛卡儿之前，没有一个数学家能意识到字母可用代表一类数。[①]

随后，人们用字母 a 表示任意变化的数，由变的部分"数"，"提取"不变的部分"式"，标志着人类由算术到代数的飞跃，用字母代替数是人类数学史上又一巨大进步。

在代数学发展的早期，人们完全用文字来表达一个代数问题及其解法。第一个有意识用字母表示数的是 16 世纪的法国数学家韦达，他终于实现了历史性的突破，他在《分析引论》（1591）中使用字母来表示未知数以及已知数。韦达写道："本书将辅以某种技巧，通过符号来区分未知量和已知量：用 A 或其他元音字母 I，O，V，Y 等来表示所求量，用 B，G，D 或其他辅音字母来表示已知量，始终如一，一目了然。"韦达将这种新的代数称为"类的算术"，以别于旧的"数的算术"。字母表示任意数后，代数学告别了旧时代，插上了新翅膀，在人类文明的天空自由地飞翔起来。

韦达之后，费马（P. deFermat，1601—1665）用字母表示曲线的方程，大写元音字母表示变量，大写辅音字母表示常量；笛卡儿（R. Descartes，1596—1650）则采用了小写字母，并用字母表中靠前的字母（如 a，b 等）表示已知数或常量，而用靠后的字母（如 x，y 等）表示未知数或变量。正是站在韦达这位巨人的肩膀上，费马和笛卡儿成了解析几何的发明者。恩格斯说："数学中的转折点是笛卡儿的变数。有了变数，运动进入了数学，有了变数，辩证法进入了数学，有了变数，微分和积分也就立刻成为必要的了。"[②]

概括来说，人类先由结绳记数发展到符号化的"抽象的数"，再由"抽象的数"发展到算术，再由算术发展到代数，再由代数发展到函数，函数实际上就是对数量关系的认识，代数到近世代数（由代数到近世代数，无论算术还是代数，运算的不变性，由变的部分即数和式，"提取"不变的部分——运算，并研究保持运算不变性的条件，导致近世代数群、环、域的研究。进一步，由变的部分——运算，"提取"不变的部分——集合性质，是数学史的又一里程碑）[③]。不断地"多次抽象"，不断地深入，从量——数——式——集合的认识，抽象度越来越高，数学的应用性也越来越强。

---

① 汪晓勤，樊校. 用字母表示数的历史. 数学教学，2011（9）.

② 汪晓勤，樊校. 用字母表示数的历史. 数学教学，2011（9）.

③ 孙旭花，黄毅英，林智中，变式的角度 数学的眼光. 数学教学，2007，10.

从算术法到矩阵

下面的表格是小明统计一家书店书籍 A 和书籍 B 的不同数量的费用。求书籍 A 和书籍 B 的价格？（假设每本书的单价为整数元）

书籍	书籍 A	书籍 B	合计（元）（费用）
数量（本）	2	2	102
数量（本）	1	3	111

这个问题不难，小学生都可以做得出来。

解法 1：

用算术法第一步计算两本书的单价和：$102 \div 2 = 51$（元）；

第二步计算书籍 B 的单价：$(111 - 51) \div 2 = 30$（元）；

第三步计算书籍 A 的单价：$51 - 30 = 21$（元）。

解法 2：

可以通过列表的方法寻找答案：

	书籍 A 的单价（元）	书籍 B 的单价（元）	符合 1 本书籍 A ＋ 3 本书籍 B＝111（元）
（1）	1	50	$1 \times 1 + 3 \times 50 = 151$（元）
（2）	2	49	$1 \times 2 + 3 \times 49 = 149$（元）
（3）	3	48	$1 \times 3 + 3 \times 48 = 147$（元）
…	……	……	……
（21）	21	30	$1 \times 21 + 3 \times 30 = 111$（元）
…	……	……	……
（50）	50	1	$1 \times 50 + 3 \times 1 = 53$（元）

当然也可用一元一次方程解得。

解法 3：

设书籍 A 每本 x 元，则书籍 B 每本 $\dfrac{111-x}{3}$ 元，

得到方程：

$$2\left(x+\frac{111-x}{3}\right)=102$$

解得　$x=21$。

解法 4：

设书籍 A 每本为 x 元，书籍 B 每本为 y 元，则

$$\begin{cases} 2x+2y=102 \\ x+3y=111 \end{cases}$$

解得 $\begin{cases} x=21 \\ y=30 \end{cases}$.

解法 5：

书籍 A 的单价（元）为横坐标，书籍 B 的单价（元）为纵坐标，用离散点表示两本书的单价和为 51 元，以同样的方法表示 1 本书籍A＋3 本书籍B＝111（元）的离散点，这样离散公共点就是两本书籍的单价。

上述的解法 1 是小学生经常使用的方法，称为算术法。解法 2 是列表法，此法虽然麻烦，但比较实用，数学解题中我们经常由实验归纳猜想结论，而表格能起到条理清晰的作用。解法 3 和解法 4 其实都是用方程的方法解题，而解法 5 是在学习方程之后用函数观点解决。有同学会问：这么简单的问题，用小学中的算术法可以轻松地解决，即使麻烦地用列表法（解法 2）也可以找出答案。为什么还要学习方程解法呢？这就涉及方程和算术法哪一种解法更好的问题？要回答这个问题我们先看一下方程和算术的特点。

方程是在未知数和已知数之间建立一种等量关系，未知数无非一个字母而已，用这个字母表示问题中相关的量，解方程就是将未知还原出来。而算术法从运算思维的角度看恰好是方程法的一种相反思维，算术法的每一步都是已知数参加运算，是从已知到已知。张奠宙先生打了一个比方："如果将要求的答案比喻为在河对岸的一块宝石，那么算术方法好像摸石头过河，从我们知道的岸边开始，一步一步摸索着接近要求的目标。代数方法却不同，好像是将一根带钩的绳子甩过河，拴住对岸的未知数（宝石）（建立了一种关系），然后利用这根绳子（关系）慢慢地拉过来，最终获得这块宝石。两者的思维相反，但结果相同。"

历史上，早期人类文明古国很早就使用了方程思想，都是用文字的方程

表达，但没有现代符号形式，如古巴比伦数学、中国古代数学、古希腊数学。公元820年，花拉子密（约783～850）写了一本《代数学》，它的英文是algebra，即由al-jabr脱胎而来，al-jabr的阿拉伯文的意思是"还原"，mu-qubalah原意是对消，因此"代数学"的本意是"还原与对消的科学"，也就是要把淹没在方程中的未知数 x 暴露出来，还原本来面目。这时的代数学还只是专门研究方程领域。到了17世纪，欧洲数学家韦达完成了数学的符号化，经过后来的数学家如笛卡儿等不断地对符号进行改进，才有了我们今天的"方程"符号化系统。

中国人对方程的研究有悠久的历史。著名中国古代数学著作《九章算术》大约成书于公元前200年至公元前50年，其中有专门以"方程"命名的一章，其中以一些实际应用问题为例，给出了由几个方程组成的方程组的解题方法。中国古代数学家表示方程时，只用算筹表示各未知数的系数，而没有使用专门的记法来表示未知数。按照这样的表示法，方程组被排列成长方形的数字阵，这与现在代数学中的矩阵非常接近。我国古代数学家刘徽注释"方程"的含义时，曾指出"方"字与上述数字方阵有密切关系，而"程"字则是指列出含未知数的等式。所以，汉语中"方程"一词最早来源于列一组含未知数的等式解决实际问题的方法。宋元时期，中国数学家创立了"天元术"，用"天元"表示未知数进而建立方程。这种方法的代表作是数学家李冶写的《测圆海镜》（1248），书中所说的"立天元一"相当于现在的"设未知数 x"。1859年，中国清代数学家李善兰翻译外国数学著作时，开始将equation（指含有未知数的等式）一词译为"方程"，即将含有未知数的一个等式称为方程，而将含有未知数的多个等式的组合称为方程组，至今一直这样沿用。

随着数学研究范围的不断扩充，方程被普遍使用，它的作用越来越重要。从初等数学中的简单代数方程，到高等数学中的微分方程、积分方程，方程的类型由简单到复杂不断地发展。但是，无论方程的类型如何变化，形形色色的方程都是含有未知数的等式，都表达涉及未知数的相等关系，解方程的基本思想都是依据相等关系使未知数逐步化归为用已知数表达的形式，这正是方程的本质所在。[①]

我们再谈两种方法的优劣。其实这是一个很难回答的问题，因为方法的好坏是相对问题而定的。在上述问题中用算术法解简单明了，但并不意味着

---

① 义务教育教科书. 数学七年级：上册. 北京：人民教育出版社，2012：85.

算术法比方程法好，下面再看一题。

小明同学统计了一家书店书籍 A、书籍 B、书籍 C 的不同数量的费用。求三种不同书籍的价格？（假设每本书的单价为整数元）

	书籍 A	书籍 B	书籍 C	合计费用（元）
数量（本）	1	1	2	85
数量（本）	3	3	2	187
数量（本）	1	2	1	98

这个问题用算术法虽然能解，但如同山路十八弯，拐弯抹角太多，一般同学无法解出，如果用方程解则显得很轻松。

解：设书籍 A 每本为 x 元，书籍 B 每本为 y 元，书籍 C 每本为 z 元，则

$$\begin{cases} x+y+2z=85 & ① \\ 3x+3y+2z=187 & ② \\ x+2y+z=98 & ③ \end{cases}$$

解得 $\begin{cases} x=21 \\ y=30. \\ z=17 \end{cases}$

上述根据题意列几个方程是比较简单的，不需要苦思冥想，可见用方程方法解是常规的方法，是大众的方法，不需要突发灵感，不需要奇思妙想，也就是说方程法较之于算术法的优越性也在于此，把深奥的、复杂的变成一般的、通俗的解法是数学的追求，用方程法替代算术法就体现了这个道理。当问题变得复杂时，用算术法能解的，方程法也一定能解；方程法能解的，用算术法不一定能解。如果说这个问题有难度无非解方程的难度。解方程的主要思想是消元，把三元变成二元，再把二元变成一元。也就是说，解方程是一种机械活，如果觉得麻烦，那么任何 n 元一次方程组都可以编成程序，解方程可以交给计算机处理。从方程的历史发展过程来看，人类最早用算术方法来解决人类当时在生产、生活中遇到的实际问题，后来发展到采用方程的方法，以至方程成为早期代数学的主要研究问题。由算术方法提升到方程方法是数学思想的一次飞跃，也是数学从常量到变量的质的飞跃，是数学工具的进步，下面体会一下方程组如何消元：

解：把方程组中②－①，③×2－①得：

$$\begin{cases} 2x+2y=102 & ④ \\ x+3y=111 & ⑤ \end{cases}$$

再把④÷2 得

$y=51-x$

代入⑤解得 $x=21$。

上述解方程的消元过程可以简单地表示如下：

$$\begin{cases} x+y+2z=85 & ① \\ 3x+3y+2z=187 & ② \\ x+2y+z=98 & ③ \end{cases} \rightarrow \begin{cases} 2x+2y=102 & ④ \\ x+3y=111 & ⑤ \end{cases} \rightarrow x+3(51-x)=111$$

三元一次方程组 —消元→ 二元一次方程组 —消元→ 一元一次方程。

从另一个角度看上述问题：

小明同学统计了一家书店书籍 A、书籍 B、书籍 C 的不同数量的费用。求三种不同书籍的价格？（假设每本书的单价为整数元）

	书籍 A	书籍 B	书籍 C	合计费用（元）
数量（本）	1	1	2	85
数量（本）	3	3	2	187
数量（本）	1	2	1	98

可以简化写成各书籍的数量表、价格表以及费用表，具体如下：

$$\begin{array}{ccc} \text{数量表} & \text{价格} & \text{费用} \end{array}$$

$$\begin{vmatrix} 1 \\ 3 \\ 1 \end{vmatrix} \begin{vmatrix} 1 \\ 3 \\ 2 \end{vmatrix} \begin{vmatrix} 2 \\ 2 \\ 1 \end{vmatrix} \times \begin{vmatrix} x \\ y \\ z \end{vmatrix} = \begin{vmatrix} 85 \\ 187 \\ 98 \end{vmatrix}$$

还可以继续简写成下列形式：

$$\begin{pmatrix} 1 & 1 & 2 \\ 3 & 3 & 2 \\ 1 & 2 & 1 \end{pmatrix} \begin{pmatrix} x \\ y \\ z \end{pmatrix} = \begin{pmatrix} 85 \\ 187 \\ 98 \end{pmatrix}$$

那么把 $\begin{pmatrix} 1 & 1 & 2 \\ 3 & 3 & 2 \\ 1 & 2 & 1 \end{pmatrix}$ 或 $\begin{pmatrix} 85 \\ 187 \\ 98 \end{pmatrix}$ 这样的数阵称为矩阵。

其实解方程就是一种矩阵变换，就是把 $\begin{pmatrix} 1 & 1 & 2 \\ 3 & 3 & 2 \\ 1 & 2 & 1 \end{pmatrix}$ —变换成→ $\begin{pmatrix} 1 & 0 & 0 \\ 0 & 1 & 0 \\ 0 & 0 & 1 \end{pmatrix}$ 。

矩阵这个名词听起来有些陌生，其实在我们的现实生活中到处是矩阵的影子，如新华书店第一层楼有 n 种类型的书，第 i 种类型记作 a_i，那么第一层楼的书可表示成 $(a_1, a_2, a_3, \cdots, a_i, \cdots, a_{n-1}, a_n)$，这就是 $1 \times n$ 矩阵（这样的表示法也可以称作 n 维向量），如果该书店共有 n 层楼，第 i 层楼第 j 种类型的书记作 a_{ij}，那么该书店的图书矩阵可表示成 $\begin{pmatrix} a_{11} & \cdots & a_{1n} \\ \vdots & \ddots & \vdots \\ a_{n1} & \cdots & a_{nn} \end{pmatrix}$，如果每种类型的图书的单价表示成 b_{ij}（表示第 i 楼第 j 种类型图书的单价），那么单价矩阵可表示成 $\begin{pmatrix} b_{11} & \cdots & b_{1n} \\ \vdots & \ddots & \vdots \\ b_{n1} & \cdots & b_{nn} \end{pmatrix}$，该书店的图书总价可由两个矩阵相乘，即 $\begin{pmatrix} a_{11} & \cdots & a_{1n} \\ \vdots & \ddots & \vdots \\ a_{n1} & \cdots & a_{nn} \end{pmatrix} \begin{pmatrix} b_{11} & \cdots & b_{1n} \\ \vdots & \ddots & \vdots \\ b_{n1} & \cdots & b_{nn} \end{pmatrix}$。矩阵早在古代的中国就有，矩阵思想的萌芽历史悠久，公元前 1 世纪，中国的《九章算术》就已经用到类似于矩阵的名词。《九章算术》方程术中线性联立方程组的遍乘直除算法，用算筹将系数和常数项排列成一个长方阵[①]，就是矩阵最早的雏形。魏晋时期的数学家刘徽又在《九章算术注》中进一步完善，给出了完整的演算程序[②]。矩阵演变的筹算过程就是现今矩阵的行初等变换，现今矩阵变换中的一些性质在方程术及刘徽注中都可追溯到理论渊源。矩阵在中国古代的萌芽，蕴含了丰富的矩阵算法与程序化等思想。矩阵的概念产生并发展于 19 世纪的欧洲，欧洲的社会环境与文化背景为矩阵的早期发展提供了适宜的舞台，一大批矩阵理论的奠基者做了大量的工作，使矩阵从零散的知识发展为系统完善的理论体系，为矩阵理论的形成与发展做出了重要的贡献。

从算术到方程是数学的进步，从方程到矩阵又是数学的一次伟大进步。遥想人类最初从结绳计数到现代的计算机，从丈量土地发展到黎曼几何、分形几何，从绳子打结到拓扑学，数学工具的每一次改进，数学自身的领域都发生了伟大的变改。方程是反映现实世界等量关系的有效模型，每一次模型

[①]　钱宝琮. 中国数学史. 北京：科学出版社，1964：52.

[②]　李文林：数学史概论. 北京：高等教育出版社，2002：73.

或者工具的改进，都是认识世界的一次巨大进步，试想先民们开始时的交通工具是靠自己的脚，到后来用马车、汽车、飞机，到现在有火箭、飞船，工具的不断改进，速度是越来越快。同样，数学工具从算术到方程，从方程到矩阵不断改变，数学的抽象性越来越高，数学的应用性也越来越强。方程作为人类思想的一次飞跃，是继算术思想之后的又一重要的数学思想，方程到矩阵体现了人类理性的光芒，折射出人类的智慧；而方程在其历史发展过程中呈现出多元文化特征；方程体现了符号化的思想，体现了数学的简洁美；方程所解决的问题是现实问题，在解决现实问题的过程中，反映了一个人的思维方式、态度、价值观和数学观；现实问题大部分又都源于社会，反映了数学的社会需求，反映了社会发展推动数学发展的作用。①

---

① 陈克胜，董杰. 彰显数学文化的一元一次方程的教学案例及其思考. 内蒙古师范大学学报：教育科学版，2012（2）.

从 $\sqrt{2}$ 谈东西方文明童年期的数学发展

$\sqrt{2}$ 虽不是古代文物，但有着文物的特点，浓缩了古希腊哲学的思辨，浓缩着数学的发展和演变。诠释 $\sqrt{2}$，其实是与历史进行对话，让我们穿越千年历史，感受古希腊的遗风，探寻西方文明的摇篮，进而延伸至在当下依然闪烁着的理性之光。在实数一章中，数系从有理数扩张到无理数，其中最动人心弦的是 $\sqrt{2}$ 的发现，这里有为真理而献身的英雄精神；这里有西方数学中的数和形第一次的分离，史称"第一次数学危机"；这里也有信仰和理性的纠缠。我们有一些数学教师一讲到这里，心中便充满了激情，然而我们的学生仍然是一颗平常心，体会不到古希腊爱智者那刻骨铭心的思想震撼，体会不到那一学派信仰的沦陷；这就如同千年前中国古代的数学家刘徽在《九章算术注》中所说的："若开之不尽者，为不可开，当以面命之"，但以实用为主的中国古代数学家的内心世界却风平浪静，与无理数的发现失之交臂。我们的国民在娃娃时学习英语，满街都能看到英语的培训班，大学里英语考试考完四级考六级，考完六级考八级甚至九级。但我们的学生却对柏拉图、亚里士多德等知之甚少。虽然我们从小学开始到大学一直在学习数学、自然科学等，但我们缺少的是科学精神。古希腊文明给人类的贡献是理性，而我们的学生却鲜有问津，究其原因，这些东西在数学中不考试，这些东西既抽象又空洞、晦涩难懂。总之，国人文化的实用性、功利性还流趋至今且经久不衰。

理解古希腊童年的文化看似无用，其实却意义深远，例如 $\sqrt{2}$ 的发现，毕达哥拉斯学派虽然有信仰的原因，但古希腊人迈不过这一道坎儿，是因为理性的思辨和逻辑的内在的张力使他们无法接受，他们坚信对此只有经过逻辑的证明才能信以为真，一切感觉和经验都是不可靠，这一学派开启了古希腊形而上学的开端，提出"万物皆数"，上帝是按照数学的方式在设计这个世界。

相传古希腊毕达哥拉斯学派发现了勾股定理并予以了证明，用一百头牛来庆祝此定理的发现，所以在西方，勾股定理又称为百牛定理，可见此定理的重要性，也可见古希腊人的爱智慧特征。实际上埃及人和古巴比伦人在很早以前，出于丈量土地的需要，就已经创立了较高水平的几何学。希腊人在数学上最初是受了埃及和古巴比伦人的启发。毕达哥拉斯早年曾经到过埃及和古巴比伦游学，他一定非常熟悉埃及和古巴比伦的几何学。埃及和古巴比伦人早就知道，如果一个直角三角形的一条直角边是 3（或者 3 的倍数），另一条直角是 4（或者 4 的倍数），那么斜边长是 5（或者 5 的倍数）。

如图 1 表明了普林顿 322 数表与"整勾股数"有关。古巴比伦人很早就知道了毕达哥拉斯定理，即所谓的整勾股数就是满足 $a^2 + b^2 = c^2$ 的一组整数，也称"毕达哥拉斯数"。计算表明：普林顿 322 数表第 Ⅱ，Ⅲ 列的相应数字，恰好构成了毕达哥拉斯三角形中的斜边 c 与直角边 b。

图 1

但是埃及和古巴比伦人缺乏希腊人那样的抽象思维能力，他们没有把这种几何关系表述为一种具有普遍意义的代数方程式。也就是说，埃及人已经知道一个直角三角形的三条边之间存在着 3：4：5 这样的比例关系，但是他们不能把它进一步表述为"直角三角形的斜边之平方等于两直角边的平方和"（即 $c^2 = a^2 + b^2$）这样一个具有普遍性的代数方程式。毕达哥拉斯学派做到了这一点，并且从中得出了一种神学结论，认为这种严密的逻辑完美性恰恰体现了神的智慧。但是，我们从这个进步中看到，虽然埃及人最早从经验中总结出几何测量规则，但希腊人在此基础上构造出几何学的演绎体系；古巴比伦人虽然很早开始了天文观察，但希腊人利用观察材料提出天文学的思辨理论。从而可以看出，古希腊人思辨精神的特点即抽象思维的重要作用，它使得数第一次脱离了形而得到独立的表述，从而使代数作为一门科学成为可能。同样，数系的发展也反映了这个特点：数系由自然数到有理数，发现无理数后建立了实数体系，实数由有理数和无理数构成。从有理数到实数是人类对数的认识从经验到理性、直接性到抽象性、直观到抽象的飞跃。

自然数和有理数，虽然并不是仅仅从感觉经验抽象出来的，但它们总是和事实联系在一起，是比较直接的，通过直观能够把握的。无理数则不然，不能直观地把握它，即说明认识数学时直观已经不可靠了。为此，首先观察一下有理数的特点。

数轴上有有理点。在数轴上的任意小的区间内都可以找到有理点，而且这些有理点是无限的、稠密的。那么，在数轴上应该如何表示无理数呢？在直线上可以比较两条线段 a 和 b 的长度。先假定 a 包含于 b，b 是 a 的整数倍。此时，b 的长度能被 a 计量。但是，当 b 的长度不是 a 的整数倍时，把 a 分成 n 个相等的部分 $\frac{a}{n}$；又假定 b 是线段 $\frac{a}{n}$ 的 m 倍的长度，此时称 a 和 b 为可通约。两个线段具有共同的单位 $\frac{a}{n}$，$\frac{a}{n}$ 的 n 倍为 a，$\frac{a}{n}$ 的 m 倍为 b。b 与 a 可通约的所有的线段，如果适当地取 n 和 m，就可以表示成 $b=\frac{ma}{n}$ 的形式。在实际的计量中这些有理点就足够了。当进行理论考察时，如果认为有理数集合稠密地覆盖着数轴，那么数轴上的所有的点好像都是有理点。但事实并不如此简单。这是古希腊人值得骄傲的伟大发现之一。实际上，我们如果假设任何线段都可以用单位线段能够量尽的话，那么"不可通约的线段"（无理数）就不存在了。

由于该学派发现了毕达哥拉斯定理，很快就引起了数学史上的一场大危机，即不可通约数的危机。等腰直角三角形的直角边长是 1，那么斜边长不可能用任何的整数之比（有理数）表示出来，即直角边与斜边长是不可通约的。

图 2　　　　　　　　　　　图 3

证明如下：

方法一，用反证法证明，即假定的结论不成立，从而引出一个矛盾。

假设 $\sqrt{2}$ 是有理数，即 $\sqrt{2}=\dfrac{m}{n}$，其中 m，n 为不可约整数；

两边平方得 $2=\dfrac{m^2}{n^2}$，$2n^2=m^2$，可见 m 为偶数；

可设 $m=2k$，则 $2n^2=4k^2$，则 $2n^2=m^2$；因此 n 也为偶数；

这与 m，n 不可约相矛盾，故假设不成立，即 $\sqrt{2}$ 假定是有理数不成立，即 $\sqrt{2}$ 为无理数。

上述证明方法出自欧几里得的《几何原本》，原本中反证法有两处，这两处都非常漂亮，还有一处是证明素数是无穷多个。对于 $\sqrt{2}$ 是无理数有多种证明，下面再给出几何证明：

方法二：在正方形 $ABCD$ 中，令 $AB=s_1$，$AC=d_1$。在对角线 AC 上截取 $AE=s_1$。再作 EF 垂直于 AC，并交 BC 于 F，容易证明 $\triangle BAF\cong\triangle FAE$。

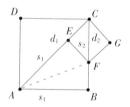

图 4

因此有 $EF=FB$，由于 $\angle EFC=45°$，所以构造四边形 $EFGC$ 也是正方形。这样构造第二个正方形的边长 $s_2=EF=AC-AB=d_1-s_1$，对角线长 $d_2=CF=s_1-s_2$。

这个过程可以重复下去，得到一系列越来越少的正方形，它的边长和对角线满足关系式：$s_2=d_1-s_1$，$d_2=s_1-s_2$，$\cdots$，$s_n=d_{n-1}-s_{n-1}$，$d_n=s_{n-1}-s_n$。

几何构造过程已经结束，现在证明正方形的边和对角线是不可公度的。仍用反证法。如果它们是可公度的，则一定存在一个更小的线段 δ，使得 $s_1=m_1\delta$，$d_1=n_1\delta$，于是 $s_2=d_1-s_1=(n_1-m_1)\delta=m_2\delta$，$d_2=s_1-s_2=(m_1-m_2)=n_2\delta$。

这里 $m_2<m_1$，$n_2<n_1$，重复这个过程，就得到

$1\leqslant\cdots<m_3<m_2<m_1$，$1\leqslant\cdots<n_3<n_2<n_1$。

现在我们得到了矛盾。因此，比 m_1 和 n_1 小的正整数只有有限个，这与几何构造的无限性相矛盾。

由此可见，即使有理点的体系如何稠密，有理数集合未必能够完全覆盖数轴上所有的点。这就说明了我们的感性直观不管多么敏锐，也不能明晰地分清数轴上的有理点和无理点。用几何作图方法借助圆规在数轴上可以非常简单地确定无理点的位置。作图本身能够体现出感性直观，但无理数的存在与感性直观是对立的。无理数的发现极大地冲击了古希腊的数学和哲学并不是偶然的。如果承认数与直线上点之间的对应关系，则就会很容易理解引入无理数概念的必然性。无理数就是与直线上的单位线段不可通约的长度的量。无理数概念的前提是有理数，某一数为无理数的证明，只要确认它不是有理数就可以了。我们欲证明某一数为无理数时，首先假定正方形的对角线和它的边是通约的（即假定正方形的对角线的长度为有理量），然后从这个假定推导出矛盾，论证起初的假定不成立。通过对有理数的否定把握了无理数的概念。虽然扩展有理数之后得到了无理数概念，但这种扩展并不是单纯地在同一个层次上的，在存在的层次方面看由有理数到无理数的扩展有着质的变化。正因为这样，虽然说无理数是有理数的发展，但有理数和无理数的关系是对立的。直线是单纯的，但从数的概念看它包含着不同性质的存在。

相传上面这个不可通约数的危机是由毕达哥拉斯学派中的一个名叫希帕索斯（Hiappasus，公元前 470 年左右）的人发现的。他发现的这个秘密，极大地动摇了毕达哥拉斯学派所信仰的"万物皆数"；数学史上的第一次危机就源于毕达哥拉斯学派以数为基础的宇宙模型的动摇，毕达哥拉斯学派要求希帕索斯严守秘密，而希帕索斯热爱真理，向世人公布这一惊人的发现。据说他被驱逐出学派并被投入大海，（如图 3 所示）但是不可通约数的危机却撕裂了毕达哥拉斯学派在数与形之间所建立的同一性，导致了二者的分离，从而造成了一种把数神秘化的倾向。

无理数的发现，对数学和哲学发展都产生了深刻的影响。在数学方面，使人们认识到直观、经验乃至实验都不是绝对可靠的（例如用任何实验都不能得出一切量均可用有理数表示这个结果），今后必须依靠证明用理性思维思考自然界。首先，它使古希腊数学研究的重点由算术转向几何，打破了在这之前毕达哥拉斯学派把数和几何问题等同起来的看法，即几何学的某些真理与算术无关，几何量不能完全由整数及整数的比来表示，反之，数却可以由几何量表示出来，可以说这次发现对古希腊的数学观点有极大的冲击，整数的尊崇地位受到了挑战。其次，它使古希腊数学研究方法由计算转向推理，促使公理方法的产生，从此希腊人开始由"自明的"公理出发，经过演绎推理而建立起几何学体系。再次，毕达哥拉斯学派虽未指出无理数是什么，但是他们确实证明了它的不可公度性。当遇见类似于$\sqrt{2}$这样的无理数的时候，他们不会像其他一些人那样去求它的数值解，他们会用正方形的对角线来代替$\sqrt{2}$，如果无理数是$\sqrt{3}$，则用刚刚得到的正方形对角线为一矩形的长边，以 1 为矩形的短边，那么这个矩形的对角线就是所求值$\sqrt{3}$，以此类推，$\sqrt{5}$，$\sqrt{7}$等都可以用线段来表示。也就是对于$x^2-2=0$这样的方程也只能用几何的方法来解，把方程的根看作一条线段，从而回避使用了无理数，导致数和形的严重分离，这种情况至少持续了近千年。

我国传统数学的实用性和计算特征堵塞了无理数产生发展的道路。我国传统数学的主要特征之一为以算法为中心的计算特征。首先，提出实际问题的"问"，然后按照一定的算法进行有限的计算后得出"答"，"答"是具体的数值结果，最后根据具体的计算过程归纳概括出具有一般意义的"术"。我国传统数学的主要目的是解决实际问题，所以要求计算结果必须是具体数值，即使几何问题也不例外，把几何问题转化为代数问题之后才进行处理。无论是四则运算还是开方运算，其步骤都是有限的，而且是经验性的，直观的。有限的、直观的计算过程中很难发现如无理数这样的非直观的概念；即使能够进行无限的计算也不可能保证计算结果是无理数。因为有些小数是循环小数（也属于计算"不尽"），有些小数是非循环小数。我国古代也没有涉足类似的性质问题。一般地，从我国传统数学的计算和实用性特征的意义上说，中国数学是定量研究的数学，它从来没有讨论过数的性质问题，如奇数和偶数等。这与古希腊数学的定性研究（逻辑分析占主导地位）思想有着根本区别。"若开之不尽者，为不可开，当以面命之"，意味着开方开到一定程度后取近似值而结束计算。如果我们认为，即使刘徽意识到了开方计算的无限的可能性，也不能保证这种无限计算的结果是循环小数还是非循环小数，况且古代中国根本就没有对小数是否循环的讨论。另外，计算总是有限的，直观的，它不可能判定某一数是无理数。刘徽及其后世的中国数学家对"开之不尽"问题没有提出质疑，在实际计算中很自然地以取近似值的方法处理问题。①

无理数的出现已经表明，在数学定性研究中感性直观是不可靠的，而只有理性分析才是可靠的。我国传统数学的主要特征之一是以算法为中心的计

---

① 代钦. 儒家思想对中国传统数学的影响. 优秀博士论文选，2002（4）.

算性，计算只适合于检验，不适合于理性分析。人们认识无理数概念之前必须对有理数概念有个明确的认识，即有理数为 $\dfrac{a}{b}$（$b \neq 0$，a 和 b 为整数），即两个整数的比例关系。在古代，毕达哥拉斯学派提出"万物皆数"思想，并用两个整数比表示万物。这是由于人们不能理解分数，所以也无法接受分数概念，而把它看作两个整数的比例关系。这些比例关系都是可公度的比。但后来从等边直角三角形的直角边与斜边的关系中发现了不能可公度比的关系，无理数的"无理"之名由此而来。与此相比，我国古代数学中只有分数概念，没有出现过像古希腊那样的比例理论，也没有出现有理数概念，因此也就没有遇到无理数问题。

毕达哥拉斯后续者柏拉图说："无论我们希腊人接受什么东西，我们都要将其改善，并使之完美无缺。"他们是这么说的，也是这么做的。希腊人从埃及和巴比伦人那里学习了代数和几何的原理。但是，埃及和巴比伦的数学基本上是经验的总结，是零散的和乏序的。希腊人将这些零散的知识组成一个有序的、系统的整体。他们努力使数学更加深刻，更加抽象，更加理性化。埃及和巴比伦的数学家研究数学的目的主要是为了应用，希腊却与他们不同。希腊人抽象思维的习惯使他们明显地区别于其他思想家。[①] 例如，当他们看到一片长满谷物的三角地时，他们想到的不是收成，而是那个三角形的"三角性"。偏爱抽象概念是他们区别于其他文化的显著特点。$\sqrt{2}$ 这个数就像一面镜子一样反映了不同文化的差别。巴比伦人以很高的精确度计算了的近似值希腊人却证明它是一个无理数，数学的性质在希腊人手里发生了根本的变化。柏拉图在他的学院的大门上写着："不懂几何者请勿入内。"这不是一个怪人的训诫，而反映了希腊人的一种信念：一个人只有通过理性的探求和严密的逻辑才能了解他所处的尘世。关于数学基础，希腊人寻求的是用大理石建造的牢不可破的宫殿，他们如何建造这种宫殿呢？只能由演绎法来建造。演绎法就是，从已认可的事实出发，导出新命题，承认这事实就必须接受导出的命题的一种方法。希腊人坚信演绎推理是数学证明的唯一方法，这是对数学的最重要的贡献。他们坚持，所有的数学结论只能通过演绎推理才能确定。它使得数学从木匠的工具盒、农民的茅屋中解放了出来，使数学成了人们头脑中的一个思想体系。从此以后，人们开始靠理性，而不是凭感官去判断什么是正确的。正是依靠这种判断，理性才为人类文明开辟了一条康庄大道。

---

① 张顺燕. 数学的美与理. 北京：北京大学出版社，2004.

无 限 的 困 惑

无限，又称"无穷"。在日常语境中，意为没有限度、无始无终、无边无际、不可穷尽、有始无终、有终无始等。在无限的宇宙中，有限的仅是已知部分，不过是沧海一粟。无论我们自认为理性与科学有多么高明，多么宏大，终不过是宇宙中可怜的一隅。对人类来说，宇宙中最富魅力的不是眼前的已知，而是无限之中的未知。诗人和艺术家们插上想象的翅膀感受庄子所说的"听之不闻其声，视之不见其形，充满天地，苞裹六极"的无限之意境。晋人王羲之在《兰亭集序》中写道："仰观宇宙之大，俯察物品之盛，所以游目骋怀，是以极视听之娱、信可乐一也。"王羲之的所娱、所乐，不在于宇宙和物品的具体写实上，而在其"大"与"盛"上，也就是说，在它们的无限性上。唯有在这无穷尽的时空"物品之中，方有游目骋怀"的高度自由。文明之初这些大哲们，一思考就陷入无穷的深渊。人类从哪里来？宇宙从哪里来？人死了去向何方？上帝的天堂，基督的福音，佛祖的慈悲以及那所谓超脱凡尘、伐恶扬善无限的来世，使得许许多多在有限的时空中历经苦难的人们获得一种极大的心理满足，体验到在现实世界中从未有过的精神快乐。宗教最为分明地显示出人作为物的有限界与人的想象作为精神的无限之间的界线和巨大差异。本文试从古诗词无限之意境谈起，感受数学对无限的思考。

1. 对无限的朴素认识，诗歌与数学的无限

在古代宇宙两字是分开解释的："天地四方曰宇，往古来今曰宙。"自古以来很多文人墨客对时空的无限都有所感悟，如"逝者如斯夫"。他们虽然没有从数学上去探究，但在诗歌里有所反映，写出了许多意境深远、耐人寻味的诗句。"前不见古人，后不见来者，念天地之悠悠，独怆然而涕下。"由于科学知识的局限，文人对天地的怀有强烈的神秘感。在对景物的感叹中从侧面反映了诗人对时空无限的思考和认识。如果从数学上讲，可以将后一句诗看作数轴，诗人是原点，"古人"和"后人"分别是数轴的负方向和正方向。人们按照这种认识来表现宇宙的真实，在无限悲壮中有种"曾经沧海难为水"那种痛苦之意。

苏轼在他的《前赤壁赋》中写道："固一世之雄也，而今安在哉？况吾与子渔樵于江渚之上，侣鱼虾而友麋鹿，驾一叶之扁舟，举匏樽以相属。寄蜉蝣于天地，渺沧海之一粟。哀吾生之须臾，羡长江之无穷。挟飞仙以遨游，抱明月而长终。知不可乎骤得，托遗响于悲风。"

一个皎洁的明月之夜，苏轼和朋友驾一叶扁舟于长江，他的朋友感叹人生之无常，悲生命之短暂。虽有着不可一世的曹操，如今已灰飞烟灭。哀吾生之须臾，羡长江、宇宙永无穷尽的哲理性感叹。如果说上述文中体现了对数学无限的时空认识，那么下面诗文中却无意诙谐地与数学中的无界概念相联系。"春色满园关不住，一枝红杏出墙来。"墙虽有，界却无，犹如我们所见的欧氏几何中的直线一样无界。数学上无界概念如此巧妙地融合于诗歌中，大概是诗人完全没有料到的。宇宙的本质是一种流动、一种变化。所有的客观存在不过是一个过程，除此没有任何固定的本体可以成为宇宙的支撑者。这种对无限的本质把握贯穿于整个中华文化之中。中国山水画同诗歌一样，追求"言有尽而意无穷"的"无言之境"，追求"象外之象。"画面的空白或画家的暗示都能使我们浮想联翩，余味无穷。

图1

图1是南宋马远的《寒江独钓图》，中国画笔墨的疏淡与物象的幽远是一致的，简约疏淡的笔墨表现，能以虚代实，以有限之空间表达无尽之意趣，物象的幽远之感有着悠远绵长的意味。

2. 无穷的困惑

困惑之一：芝诺悖论

公元前 3 世纪古希腊的埃利学派代表人物芝诺，为了论证老师巴门尼德的思想存在是不生不灭、独一无二和不变不动的，做了如下一些论证。巴门尼德的存在是不动的，而不动的对立面是运动，所以芝诺反过来证明运动是虚假的，从而得出不动是真实的结论。①

第一个论证叫"阿喀琉斯追乌龟"。阿喀琉斯是希腊传说中的大英雄，奥林匹亚竞技会的赛跑冠军，跑得很快，但是芝诺却证明，阿喀琉斯追不上乌龟。他是这样证明的：阿喀琉斯在乌龟身后一段距离，然后开始追赶乌龟。他要想追上乌龟，首先必须到达乌龟刚才出发的地方；而当他到达那个地方时，乌龟已经向前爬了一小段。于是阿喀琉斯又必须首先到达乌龟现在所在的那个地方，而这一段时间里乌龟又往前爬了一点。以此类推，阿喀琉斯只能无限地接近乌龟，却永远也追不上乌龟。

第二个论证叫作"飞箭不动"。一支箭从 A 点飞到 B 点，要经过 A 点与 B 点之间的所在点。在每一瞬间，它都处在某一点上，在这一瞬间它在这个点上是不动的（否则我们就不能说它在这一点上）。从 A 点到 B 点的距离是由其间的每一点集合而成，飞箭在每一瞬间在每一点上都是不动的，不动加不动仍然等于不动，所以飞箭不动。

大家乍一听到这些论证，一定会觉得这是胡说八道，这些论证的结论是与常识相违背的。对了，确实如此！芝诺恰恰就是通过这些论证来说明，常识是不可靠的，感觉是欺骗我们的。你们不是分明看见阿喀琉斯追上乌龟了吗？但是芝诺告诉我们，阿喀琉斯永远追不上乌龟，这是证明的结果，逻辑是比感官有力得多的证据。你们看的只是一种假象，因为证明告诉我们，运动只能导致荒谬的结果。

大家似乎也觉得芝诺所言是有道理的，但现实生活中阿喀琉斯一定能追上乌龟，那么问题出在哪里呢？其实这些问题的共同特点是把空间距离（以及所用时间）无限地往小分割。这个问题在数学上涉及了极限和连续性。但 2 000 多年前的希腊人，根本就不知道极限理论和数学中的连续和间断性的关系。芝诺这一论证就让当时的人们晕头转向，不知所然。

---

① 王德闪. 对"无限"概念的理解. 雁北师范学院学报，2003（4）.

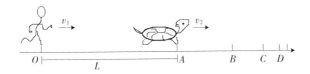

图 2

为了说明芝诺悖论，我们把上述问题进行特殊化赋值处理，化繁为简，以退为进，这也是我们数学解题的策略。假设条件：阿喀琉斯行走速度 v_1 ＝10，乌龟爬行速度 v_2 ＝1，阿喀琉斯在乌龟后面 s_0 ＝OA＝100，如上图所示。请原谅我们这里的 v_1，v_2 和 s_0 没有给出具体量纲。同时，设 v_1 ＝10 v_2，仅仅是为了方便，而未必是阿喀琉斯与乌龟的真实速度比。

十分明显：阿喀琉斯比乌龟速度快很多，应该能追得上，且不要着急。芝诺有言之凿凿的分析：

若阿喀琉斯走完 s_0 ＝OA＝100 时，乌龟向前爬了 s_1 ＝AB＝10；

若阿喀琉斯再走完 s_1 ＝AB＝10 时，乌龟又向前爬了 s_2 ＝BC＝1；

若阿喀琉斯又走完 s_2 ＝BC＝1 时，乌龟再一次向前爬了 s_3 ＝CD＝0.1；

……

因此，乌龟总是在阿喀琉斯之前，换句话说，阿喀琉斯"永远追不上乌龟"。

这个悖论的问题究竟出在哪里呢？懂得代数方程的青少年读者很容易求解阿喀琉斯追龟的问题。

只要设阿喀琉斯追上龟的时间为 t，则可列出：

$$s_0＋v_2 t＝v_1 t, \qquad 100＋1×t＝10t;$$

$$t＝\frac{100}{9}＝11.1111\cdots;$$

而问题正是芝诺把有限的路程"人为地分解"成无限段，即龟走的路程 ＝AB＋BC＋CD＋…＝10＋1＋0.1＋0.01＋0.001＋0.000 1＋…；这个路程和为一个有限数即 $\frac{100}{9}$，也就是说"0.1＋0.01＋0.001＋0.000 1＋…"是

0.1 的循环小数即 $\frac{1}{9}$。

这里，再一次显示了无限段的路程之和 s 可以是有限量——这个和正是极限，跨越了这个极限，阿喀琉斯就追上了龟。虽然，芝诺看起来讲的似乎是一个诡辩的故事，却包含着很多哲学道理。

其实在古代的中国也提出过相类似的问题，如庄子在《天下篇》中提出："一尺之棰，日取其半，万世不竭。"意思是，一尺长的棍子，第一天取出一半，第二天取出其剩下的部分的一半，以后每天都取出其剩下的部分的一半，这样永远也取不尽。

在《天下篇》中有："惠施多方（方术），其书五车，其道舛驳（错误杂乱），其言也不中。……至大无外，谓之大一；至小无内，谓之小一。……飞鸟之景，未尝动也。镞矢之疾，而有不行不止之时。"

"大一"相当于现在的无穷大，"小一"相当于无穷小。"外"是外界或边界。"至大无外，谓之大一"可译作：至大是没有边界的，这叫作无穷大。"至小无内，谓之小一"译作：至小是没有内部的，叫作无穷小。这是对无限的一些认识。"飞鸟之景，未尝动也"和上述芝诺的"飞箭不动"是同一个问题。

2. 困惑之二 0.999 999 999 9…＝1

大部分人认为 0.999 999 999 9…永远不会等于 1，有一部分人认为近似等于 1，学过高等数学的人认为 0.999 999 999 9…极限为 1。0.999 999 999 9…的循环和 1 能否画上等号呢？当然答案是肯定的，0.999 999 999 9…＝1。

人教版数学教材七年级上册第三章方程一章中，阅读材料介绍了如何利用方程把循环小数化成分数。

设 $x=0.999\,999\,999\,999\,9\cdots$，那么 $10x=9.999\,999\,999\,999\cdots$；

得到 $10x-x=9$ 得 $x=1$。

还有一部分利用：$\dfrac{1}{3}=0.333\,333\cdots$；$\dfrac{2}{3}=0.666\,666\,66\cdots$；

因为 $\dfrac{1}{3}+\dfrac{2}{3}=1$，所以 $0.999\,999\,999\,9\cdots=1$。

其实上述方法和第一种方法是一样的，这是因为 $0.333\,333\cdots=\dfrac{1}{3}$，你可以利用方程把 $0.333\,333\cdots$ 的循环化成分数 $\dfrac{1}{3}$。

我们还可以把无限循环小数写成分数形式，如：

$$0.999\,999\,999\,999\,9\cdots=\frac{9}{10}+\frac{9}{100}+\frac{9}{1\,000}+\frac{9}{10\,000}+\cdots;$$

它的每一个加数是前一个加数的十分之一，不管是用怎样的形式表示这个数都会涉及无穷，继续下去。如果 $0.999\,999\,999\,999\,9\cdots\approx\dfrac{9}{10}$，那么和 1

相差 0.1；如果 $0.999\,999\,999\,999\,9\cdots \approx \dfrac{9}{10}+\dfrac{9}{100}$，那么和 1 相差 0.01；如果 $0.999\,999\,999\,999\,9\cdots \approx \dfrac{9}{10}+\dfrac{9}{100}+\dfrac{9}{1\,000}$，那么和 1 相差 0.001；……显然这样不停继续下去，那么和 1 相差得越来越小，我们还可以发现 1 和 $0.999\,999\,999\,999\,9\cdots\cdots$ 相差不是一个确定的值，这个值随着时间变化，当你越往下计算：$1-0.999\cdots=?$，它们的差越来越接近一个常数，这个常数就是 0。

老实说，上述两种方法都不是证明的证明，这是因为我们经常会犯这样的错误，把有限的数字的加法或乘法的经验推广到无限数字的加法或乘法。例如，正整数 1，2，3，4，… 和 1，4，9，16，… 的个数谁多的问题。按常识我们认为正整数 1，2，3，4，… 多，这是因为在有限集合里，整体大于部分。于是把有限集合里的经验运用推广到无限集里整体大于部分是错误的。

又如级数：$1-1+1-1+1-1+1+\cdots$，可以得到两种不同结果。

方法一：$1-1+1-1+1-1+1+\cdots\cdots=(1-1)+(1-1)+\cdots=0$；

方法二：$1-1+1-1+1-1+1+\cdots\cdots=1+(1-1)+(1-1)+\cdots=1$。

可见，对于无限来说，在有限集合里有的性质还保持下来，有的不能继续推广。

那么，从 $0.999\,99\cdots$ 的极限是 1，又怎样转化到 $0.999\,99\cdots$ 就是 1 的本身呢？这必须用等价类来解释。

首先，什么是实数？有理数系扩充为实数系，一种最常用的方法是把实数统统看作收敛的有理数列。例如，所谓 $\sqrt{2}$，可以表示为有理数组成的无穷数列：

$\{1.4,\ 1.41,\ 1.414,\ 1.414\,1,\ \cdots\}$（$\sqrt{2}$ 的不足近似值组成），

同时，它也可以表示为

$\{1.5,\ 1.42,\ 1.415,\ 1.414\,3,\ \cdots\}$（$\sqrt{2}$ 的过剩近似值组成）。

这就是说，所谓实数，乃是"极限相同的有理数列"的共同体，也是一个等价类。特别地，有限小数 a 构成的常数数列 $\{a,\ a,\ a,\ \cdots\}$，自然也是收敛的数列。精确地说，实数是"收敛的有理数列"。如果两个有理数列 $\{a_n\}$ 和 $\{b_n\}$ 满足条件 $a_n-b_n\to 0$，则说二者属于同一个等价类，每一个等价当作一个对象（实数）看待。$\sqrt{2}$ 代表的是许许多多与 $\{1.4,\ 1.41,$ $1.414,\ 1.414\,1,\ \cdots\}$ 和 $\{1.5,\ 1.42,\ 1.415,\ 1.414\,3,\ \cdots\}$ 具有相同极限有理数

列的等价类。

现在，我们再来看数列 $\{0.9, 0.99, 0.999, 0.9999, \cdots\}$ 和 $\{1, 1, 1, 1, \cdots\}$，它们都收敛于 1。在这个意义上，二者属于同一个等价类，代表同一个实数，于是可以写成 $\{1, 1, 1, 1, \cdots\}$，简化后也就是 $0.9999999999 = 1$。

综上所述，有理数的表示不唯一，而是彼此相等的分数构成的等价类。实数作为收敛的无限数列，其表示也不唯一，而是"具有相同极限的有理数列"构成的等价类。

$0.9999999999\cdots$，看作一个有理数列 $\{0.9, 0.99, 0.999, 0.9999, \cdots\}$，其极限是 1。数列是一个潜无限的过程，永远达不到极限值 1（万世不竭）。

但是，这一有理数列和 $\{1, 1, 1\cdots\}$ 的极限值相同，属于同一个等价类。所以可以说 $0.9999999999\cdots = 1$，这里的相等，是在等价类的意义上而言的，与极限是否达到无关。

综上所述，$0.9999999999\cdots = 1$ 是两个无限收敛数列之间的相等，属于同一个等价类的意思。[①]

3. 困惑之三：伽利略的困惑

17 世纪意大利著名天文学家和数学家伽利略（1564～1642），在其《关于两门新科学的对话》（1638）中讨论无穷，他注意到图 3 中的两条不相等的线段 AB 和 CD 上的点可以构成一一对应；他又注意到，$A = \{1, 2, 3, 4, \cdots\}$，$B = \{1^2, 2^2, 3^2, 4^2, \cdots\}$，正整数集和正整数平方所构成的集合之间可以建立一一

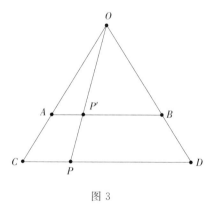

图 3

对应关系。这就导致"矛盾"——部分与整体"相等"。伽利略未能解决但同时充满了困惑。

真正解决上述问题的是 19 世纪德国著名数学家康托尔，他创立了集合论，将实无穷作为一个概念引入数学之中。他的关于无穷的理论是实无穷概念历史上的转折点。康托尔认为，如果一个集合能够和它的一部分构成一一

---

① 张奠宙，丁传松，柴俊，等. 情真意切话数学. 北京：科学出版社，2011.

对应，它就是无穷的。他定义了"势"（Power）这个概念（或称"基数"（cardnialn Uxnber）），并提出比较两个无穷集合的"一一对应"准则：两个集合 A 和 B 具有相同的势（基数），对应。

康托尔创立集合论的数学核心思想是"一一对应"。"一一对应"和结绳记数一样古老。有一个成语"屈指可数"，是指小孩子个个都可用好像"计算器"的手来计算。比如数苹果的个数时，每数一个，就扳一个手指头。上小学时我们计算数大于 10 的算术时还要借助小木棍或小石头，把要数的物对应到小木棍上。在这里笔者想起一个故事：传说古波斯王有一次打仗，命令手下兵马守一座桥，要守 60 天。为了让将士们不少一天也不多守一天，波斯王找来一根长长的皮条，在上面系了 60 个结。他对守桥的士兵们说："我走后你们一天解一个扣，什么时候解完了，你们就可以回家了。"这里的天数和绳上的扣对应起来。每过完一天解一个扣，这就是所谓的一一对应。这种方法虽然历史古远，平平常常，大家好像并不陌生，但真正用好用活，得出精髓做出轰轰烈烈的大文章给数学家史上平添一道炫目之光的却是康托尔。为了说明康托尔的理论，希尔伯特讲了一个故事：

风景秀丽的 X 镇每天都吸引着许多前来观光的游客，镇上唯一的一家旅馆——希尔伯特旅馆，生意格外红火，它因为有无穷多间客房而被誉为世界上最大的旅馆。

有一天，店里的无穷多个房间都住满了客人，到傍晚时又来了一位旅客，尽管值班的服务生遗憾地告诉他已经没有空房间了，可是这位旅客在镇上别无选择，他再三恳求值班的服务生为他想想办法。这时老板的女儿恰巧经过，她问清了情况后对服务生说：让已经住下的旅客都调换一下房间，1号房间的客人住到 2 号去，2 号房间的客人住到 3 号去，以此类推，这样就空出了 1 号房间。于是，这位客人高高兴兴地住了进去。①

在这里我们可以体会到无限的性质：一个有有限个房间的旅店，每间房都已住满。店主只好对新来投宿的一位客人说：对不起了，已经没有房间了；但在一个有无限个房间的旅店里，虽然所有的房间也已客满，但店主对前来投宿的一名客人说：可以。

第二天，希尔伯特旅馆来了一个庞大的旅游团要求住宿，他们说总共有

---

① 李鹏奇. 世界上最大的旅馆：希尔伯特旅馆. 数学通报，2001（9）.

可数客人无穷多位，值班的服务生赶快去向老板的女儿请教，看是否有办法再让他们住下。老板的女儿想了一下说：你让 1 号房间的客人搬到 2 号去住，2 号房间的客人搬到 4 号，3 号的搬到 6 号，以此类推，k 号房间的搬到 $2k$ 号去住，这样下去，1 号，3 号，5 号，7 号……房间都空出来，让他们住进去就行了。

第三天，已经住下的所有客人都来了可数无穷多个亲戚，他们也都要求住下，老板的女儿再次想出了奇妙的办法。她把每一个客人所需要的房间都编上了号，如第一个客人所需要的房间为 $(1,1)$，$(1,2)$，$(1,3)$，$(1,4)$，…；第二个客人所需要的房间为 $(2,1)$，$(2,2)$，$(2,3)$，$(2,4)$，…以此类推，第 m 个客人所需要的房间 $(m,1)$，$(m,2)$，$(m,3)$，$(m,4)$，…。

然后她把它们整理成一个图：

$$(1,1) \rightarrow (1,2) \quad (1,3) \quad (1,4) \cdots$$
$$(2,1) \rightarrow (2,2) \quad (2,3) \quad (2,4) \cdots$$
$$(3,1) \rightarrow (3,2) \quad (3,3) \quad (3,4) \cdots$$
$$(4,1) \rightarrow (4,2) \quad (4,3) \quad (4,4) \cdots$$
$$(5,1) \rightarrow (5,2) \quad (5,3) \quad (5,4) \cdots$$

图中按照箭头所指顺序，分别安排在 1 号，2 号，3 号，……客房，这样所有的客人又一次如愿以偿，住进了希尔伯特旅馆。

第四天，有一个叫康托尔的教授领来了一个更庞大的旅游团，他告诉老板的女儿他们旅游团的人数和〔0，1〕区间上点的个数同样多，问她这次能否安排下住宿，老板的女儿绞尽脑汁也没有想出办法，最后康托尔教授坦诚地告诉她，〔0，1〕区间上点的个数是不可数的，你不可能用对角线的方法安排我们所有的人住下。

无穷的概念对人类思维是一个巨大的挑战，因为我们的直觉是来自于有限世界的经验，而在现实世界中是没有无穷的表现形式的。希尔伯特如是说："在现实中是找不到无穷的，不论通过什么样的经验、观察和知识。"在无穷的世界里，我们的经验和直觉不再是可靠的了。无穷世界里的逻辑结构与我们日常生活中的逻辑结构是不同的。为了让人们理解"无穷集合"这个概念，著名的德国数学家希尔伯特讲了以上这个故事。

3. 对无限的回顾

无限王国是神秘莫测的，不管是对于哲学还是数学。世界上每一项知识，都与无限宇宙这一背景有着密不可分的关联。对于无限的认识，一直以来有两种观念：

一种是潜无限的概念，意思是把无限只看作一种过程，一种永无终止的生成过程，如"一尺之捶，日取其半，万世不竭"即隐含着"潜无穷"观念。取一条线段的中点，再取 $\frac{1}{2}$ 段的中点，再取 $\frac{1}{4}$ 段的中点，这样一直取下去，不论取了多少个分点，总可以再取下一个分点，因而分点个数就是一个潜无穷。芝诺悖论的"阿喀琉斯追乌龟"，把路程无限地分割就是"潜无穷"的思想。

另一种是"实无限"的概念，与"潜无穷"相反，它认为无限是一种生成了的或者说现实存在的东西。说到底，就是把实无限看作有限的现实。例如，当我们把一条线段看作无穷多个点所构成的集合，它就是一个实无穷。自然数、有理数或实数的全体都是实无穷之例。为了形象区别，著名数学教育学家张奠宙用古诗做了精彩的解读。

杜甫《登高》诗曰：风急天高猿啸哀，渚清沙白鸟飞回。无边落木萧萧下，不尽长江滚滚来。

我们关注的是后两句。诗人登高仰望，只见无边无际的林木落叶萧萧而下，滚滚而来的长江奔流不息。雄浑、寥廓而又肃杀、凋零的气象，使诗人感到太空浩茫，岁月悠久。从数学的眼光分析，前句指的是"实无限"，"无边落木"就是指"无限多的所有落木"，这是一个实无限集合，已被我们一览无余。后句则是所谓潜无限，它没完没了，不断地"滚滚"而来。尽管到现在为止，还是有限的，却永远不会停止。[①]

人活在世上，光阴不过百年。"神龟虽寿，犹有竟时；腾蛇乘雾，终为

---

① 张奠宙，丁传松，柴俊，等. 情真意切话数学. 北京：科学出版社，2011.

土灰。"龟蛇一类的"灵物"尚有生命的极限，更何况人呢？面对无限，常被它卷入虚空，一阵莫名的烦恼向你袭来。在人类文明之初，我们的祖先想用图腾崇拜、巫祀、宗教、艺术等掩盖无限，逃脱无限。但毕竟付之东流。

无限伴随人类的始终，对无限认识不管是哲学还是宗教等，都不如数学对无限的深刻认识。数学一步一步把无限引向深入，为了解决无限的问题，由欧氏几何产生了非欧几何；为了解决无限的问题，从常量到变量，产生了微积分；为了解决无限的问题，集合论的产生完善了数学大厦的基础……正因为如此，希尔伯特曾经说过："无穷！还没有别的问题如此深深地打动人们的心灵，也没有别的想法如此有效地激发人的智慧，更没有别的概念比无穷这个概念更需要澄清……"

从勾股定理到费马定理

图1是法国巴黎区域平面图，共划分二十个区，按照数字排列。

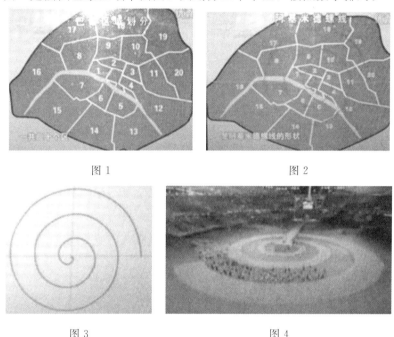

图1　　　　　　　　　　　图2

图3　　　　　　　　　　　图4

它不同于古老的北京方方正正的排列。把图1中的数字从小到大连接，得到图2和图3，数字所形成的是类似于阿基米德螺线的曲线，这幅图像在欧洲非常著名，同时说明巴黎人的数学修养非常高。2004年雅典奥运会闭幕式大型团体操入场时（图4），采用的就是阿基米德螺线。阿基米德螺线入场体现了西方人散漫和自由的气质。那么，中国最著名的数学图形是什么呢？是图5所示的赵爽弦图。三国东吴时期布衣数学家赵爽用这幅图证明了勾股定理（在西方又称毕达哥拉斯定理），这幅图体现了东方人那种端庄而典雅的审美气质。

图 5

2002 年北京世界数学家大会的会徽就采用了赵爽弦图，可见，勾股定理在数学家的心目中是非常重要的。

何为勾股定理？让我们揭开它神秘的面纱，在多元文化下叙述它的魅力。

1. 勾股定理的历史

数学中的千古第一定理勾股定理的内容如下：

如果直角三角形的两直角边长分别为 a，b，斜边为 c，那么 $a^2 + b^2 = c^2$。

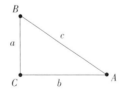
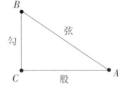

图 6

古代将直角三角形中短的直角边称为勾，长的直角边称为股，斜边称为弦，则勾股定理为：

$$勾^2 + 股^2 = 弦^2$$

勾股定理是谁率先发现的？现在很难确切定论，但世界不同的文明古国多很早发现此定理。相传古埃及人在公元前 2200 年曾用下面的方法得到直角：他们用 13 个等距的结把一根绳子分成等长的 12 段，一个工匠同时握住绳子的第 1 个结和第 13 个结，两个助手分别握住第 4 个结和第 8 个结，拉紧绳子，就会得到一个直角三角形。其直角在第 4 个结处。

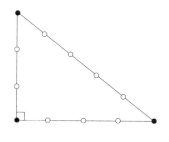

图 7

又有研究表明：古巴比伦时期数学泥版文献中的一些几何或代数问题表明，勾股定理早在公元前两千年就在两河流域的美索不达米亚文明中得到了广泛应用。在（图8）332 号泥板上的数表提供了证明，这块泥板年代大约为公元前 1 700 多年。

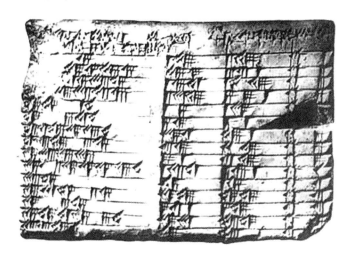

图 8

IV	III	II	I
[1，59]，15	1，59	2，49	1
[1，56，56]，58，14，50，6，15	56，7	3，12，1*	2
[1，55，7]，41，15，33，45	1，16，41	1，50，49	3
[1]，5 [3，1] 0，29，32，52，16	3，31，49	5，9，1	4

[1], 48, 54, 1, 40	1, 5	1, 37	[5]
[1], 47, 6, 41, 40	5, 19	8, 1	[6]
[1], 43, 11, 56, 28, 26, 40	38, 11	59, 1	7
[1], 41, 33, 59, 3, 45	13, 19	20, 49	8
[1], 38, 33, 36, 36	9, 1*	12, 49	9
[1], 35, 10, 2, 28, 27, 24, 26, 40	1, 22, 41	2, 16, 1	10
[1], 33, 45	45	1, 15	11
[1], 29, 21, 54, 2, 15	27, 59	48, 49	12
[1], 27, 3, 45	7, 12, 1*	4, 49	13
[1], 25, 48, 51, 35, 6, 40	29, 31	53, 49	14
[1], 23, 13, 46, 4 [0]	56	53*	[15]

普林顿 332 数表与"整勾股数"有关。所谓整勾股数就是满足 $a^2 + b^2 = c^2$ 的一组整数，也称"毕达哥拉斯数"。计算表明：普林顿 322 数表第 Ⅱ、Ⅲ列的相应数字，恰好构成了毕达哥拉斯三角形中的斜边 c 与直角边 b。

中国古代对勾股定理有文字记载最早的是在《周髀算经》。《周髀算经》大约成书于公元前 2 世纪的西汉时期。该书中讨论有天文、数学等知识。《周髀算经》卷上记载了周公与大夫商高讨论其中勾股测量的一段对话：

周公问："没有梯子可供我们上天，又没有一把合适的尺子可供我们量地，那么怎么确定天有多高，地有多广呢？"商高答："办法是有的，那就是利用勾、股、弦之间的关系，即勾三股四弦五。"[①] 上述中勾三股四弦五是勾股定理的特例。确切知道勾股定理的一般情形是在《周髀算经》卷上第 2 章记载："昔者荣方问于陈子曰：今者窃闻夫子之道，知日之高大，光之所照，一日所行，远近之数，人所以望见，四极之穷……"陈子讲一套测日方法后说："若求邪至日者，以日下为句，日高为股，句股各自乘，并而开方除之，得邪至日，从髀所旁至日所十万里。"（句通勾，邪通斜）[②]

$$邪至日 = \sqrt{勾^2 + 股^2}$$

"句股各自乘，并而开方除之"，这是勾股定理的一般描述，是勾股定理

---

① 朱哲，张维忠. 从赵爽弦图证明谈数学史教学应尊重历史. 中学数学月刊，2005 (10).

② 蔡宗熹. 千古第一定理：勾股定理. 北京：高等教育出版，2009.

在中国古代数学典籍中最早的记载。

在西方 2 000 多年前，古希腊的毕达哥拉斯在观察方形瓷砖铺嵌的地板面时，发现了勾股定理，当时他激动万分，放声高歌：

　　　　斜边的平方，

　　　　如果我没有弄错，

　　　　等于其他两边的平方之和。①

据说毕达哥拉斯学派发现这个定理后用 100 头牛来庆祝，因此，西方人又把此定理称为"百牛定理"。勾股定理不仅对数学的发展影响巨大，而且在人类科学发展史上意义非凡，所以，它成了一个经典的、几乎全世界的中学数学课程都介绍的内容。

2. 勾股定理五彩缤纷的证明

几千年来，人们给出了勾股定理的各种不同的证明，有人统计，现在世界上已有它的证明方法 400 多种，仅 1940 年，由鲁米斯（E. S. Loomis）搜集整理的《毕达哥拉斯定理》一书就给出了 370 种不同的证明。先看勾股定理的两种经典的证明：

东汉末至三国时代人赵爽，曾为古代中国数学著作《周髀算经》撰需作注。赵爽在序言中说自己根据《周髀算经》文字内容画了一组图（图 9），插在书中，借以揭示古人测天的奥秘，他称这组插图为"勾股圆方图"。其中第一幅即弦图，这幅图中由四个红色的三角形（图中称为"朱实"的部分，朱亦为红色，实为面积）和中间围成的一个黄色的小正方形（图中标示"黄实"部分）构成。

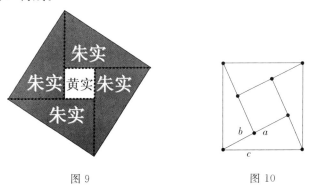

图 9　　　　　　　　　　　图 10

① 卞新荣. 多元文化下的勾股定理：数学文化研究性学习教学案例. 数学通报，(12).

这张"弦图"的意思是什么？赵爽用"勾股圆方图说"予以说明。文中第一句："勾股各自乘，并之为弦实，开方除之，即弦。"对这句话赵爽予以解释："案弦图，又可以勾股相乘为朱实二倍之为朱实四，以勾股之差自相乘，为中黄实，加差实亦成弦实。"[①] 把上述语言翻译成现代文并配上草图（图10）解释。上述四个朱实的三角形全等，可以得到下面的等式：大正方形的面积＝小正方形面积＋四个全等的直角三角形面积，即：

$$c^2 = 4 \times \frac{1}{2}ab + (a-b)^2$$
$$= 2ab + a^2 - 2ab + b^2$$
$$= a^2 + b^2$$

希腊数学史上明确记载的勾股定理证明，首先在欧几里得的《原本》之中。值得指出的是，由于《几何原本》的广泛流传，欧几里得的证明是勾股定理所有证明中最为著名的，为此，希腊人称之为"已婚妇女的定理"；法国人称之为"驴桥问题"；阿拉伯人称之为"新娘图"、"新娘的坐椅"；在欧洲，又有人称之为"孔雀的尾巴"或"大风车"。两千年来，世界上不同文字的《几何原本》对这一颇具特色的定理都附有插图，异文同图，饶有风趣。

证明：（如图11）

因为 $AC = AF$，$AB = AD$，$\angle FAB = \angle CAD$，
所以△$FAB \cong$ △CAD，
作 $CL \parallel AD$，CL 与 AB 交于点 M。

$$S_{\triangle FAB} = \frac{1}{2}FA \cdot AC = \frac{1}{2}S_{正AFGC}，$$

$$S_{\triangle ACD} = \frac{1}{2}S_{四边形ADLM}，$$

$$S_{\triangle FAB} = S_{\triangle ACD}$$

$$S_{正AFGC} = S_{矩ADLM}$$

图 11

同理可证：$S_{正BCHK} = S_{矩ELMB}$；从而得证。

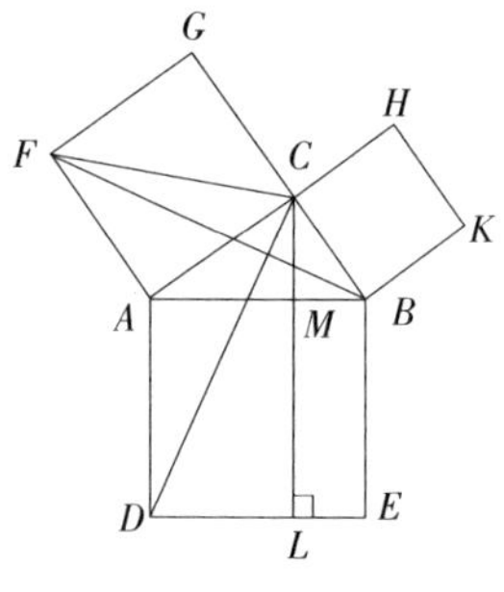

从上述证明中可以看出中西文化的异同：

（1）上述证明都利用面积，可见面积是人类发展几何学最初用来丈量土地的。几何学在西方表示为 geometry，就是由 geo（土地）和 metry（测

---

① 朱哲，张维忠. 从赵爽弦图证明谈数学史教学应尊重历史. 中学数学月刊，2005（10）.

量）组成。在古代埃及，由于尼罗河经常泛滥而需要不断修整土地，由此，测量引起人们的重视。在中国古代夏禹治水时期就有规、矩、准等测量工具，利用勾股定理进行计算。司马迁在《史记·夏本纪》记载：大禹治水时"陆行乘车，水行乘舟，泥行乘橇，左准绳，右规矩"，"行山表木，定高山大川"都用到勾股定理。勾股定理的边长面积都是数量，直角三角形都是几何中的形，可见勾股定理是人类文明的第一个定理，它是连接代数和几何的桥梁。

（2）古代中国数学家赵爽对于勾股定理的证明简单明了，被美国数学史家、哈佛大学教授里奇称为"最省力的证明"，同时"勾股圆方图"直观形象，草图中以朱实、黄实示之。中国赵爽的证明方法连小学生也能听懂，而《原本》中的证明只有数学爱好者才能理解和掌握。很自然地，人们或许会产生疑问，欧几里得为什么要选择这样一个证明而不是选择中国式简单的证明呢？这又与古希腊当时的文化背景有关。西方文明的摇篮古希腊文化注重思辨，注重理性。《原本》却是欧几里得继承古希腊数学家的精华，以公理化思想为体系演绎而成，注重逻辑推理、定义、公理、定理之间的关系甚求严密。勾股定理得出的前提都是一组公理，而中国古代数学家赵爽却是通过面积平移来证明，原理简单，推理直观，以"出入相补"原理证明勾股定理，二者各有千秋，殊途而同归。

根据上述分析，可概括出古希腊"演绎性证明"与古中国"算法化证明"在目标取向、逻辑起点、思想方法等方面的特征，见下表：

古希腊"演绎性证明"与古中国"算法化证明"的特征

证明类型	目标取向	逻辑起点	思想方法	论证特点
演绎性证明	揭示三边之间的关系	《原本》公设5与公理4	公理化思想构造全等形	论证严谨
算法化证明	"知二推一"的算法	矩形与直角三角形的面积公式	出入相补原理，构造方形（矩形）	直达其义

上述我们给出中国和古希腊两个都具有影响力的证明。出于对勾股定理的喜爱，上至帝王下至平民百姓对勾股定理情有独钟，以至留下了很多种不同的证明。下面是锦集勾股定理的证明：

证法一：

中世纪印度数学家婆什迦罗二世的著作《算法本原》中给出勾股定理的

一种证明。

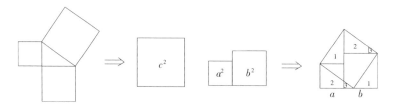

图 12

其中把下方梯形 2 和三角形 3 移到上方梯形 2 和三角形 3，把右边的三角形 1 移至左上方 1，就可以得到边长为 c 的大正方形。上述拼图告诉我们任意两个正方形可拼成一个大的正方形。

证法二：

英国人 H. E. Dudeney（1857～1930）给出的证明。（如图 13）做法是通过较大直角边的正方形的对称中心作一条水平线和一条垂线，将正方形分成四块，然后将勾方和这四块如图所示的四边形填入弦方，定理得证。

证法三：

美国第 20 位总统加菲尔德的证明如图 14 所示。

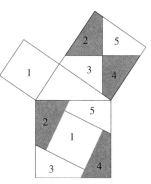

图 13

直角梯形 $ABCD$ 中，

$\triangle DAE \cong \triangle EBC$。

$S_{梯形} = 2S_{\triangle DAE} + S_{\triangle DEC}$，

$\dfrac{1}{2}(a+b)(a+b) = \left(\dfrac{1}{2}ab\right) \times 2 + \dfrac{1}{2}c^2$，

$\therefore a^2 + b^2 = c^2$。

证法四：

如图 15 是我国清代数学家梅文鼎（1633～1721）给出的证明。

如图 15 所示，通过平移把正方形 $BCDE$ 移至 $GHNF$ 处，再把 $\triangle BCA$ 拼到大正方形空白 $\triangle AEM$ 处，再把 $\triangle BGH$ 拼到大正方形空白 $\triangle HNM$ 处。

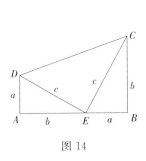

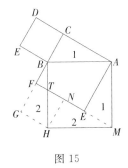

图 14　　　　　　　　　　　图 15

证法五：

如图 15 是我国清代数学家向名达（1789～1850）证明勾股定理的"解体用图"，用得最好，最简洁。把 $\triangle ACB$ 向下平移至 1 处，把 $\triangle AC_1B_1$ 平移至 2 处，则恰好有 $4 \times \frac{1}{2}ab + (b-a)^2 = c^2$。此处证明有三个好处：

（1）只需移动两块；

（2）平移是最简单的图形位置平移；

（3）仅需垂直平移和水平平移。

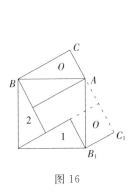

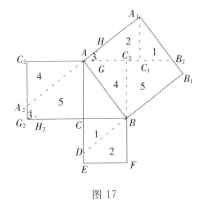

图 16　　　　　　　　　　　图 17

证法六：

如图 17 为清代数学家华蘅芳（1833～1902）给出的证明，

图中 $S_{\triangle AC_2A_2} = S_{\triangle BAC_3}$，

$S_{四AA_2H_2C} = S_{四B_1B_2C_3B}$，

$S_{\triangle A_2G_2H_2} = S_{\triangle AGH}$，

$S_{梯形EFBD} = S_{梯形HGC_1A_1}$。

（即图中标号相同的图形面积相等）

从而得出：$a^2 + b^2 = c^2$。

证法七：

同时给出另一种证明，如图 18 所示，CD 为斜边 AB 上的高线。

由摄影定理：

$$AD^2 = \frac{AC^2}{AB}, \quad BD^2 = \frac{BC^2}{AB}。$$

$\because AD + DB = \dfrac{AC^2}{AB} + \dfrac{BC^2}{AB} = \dfrac{AC^2 + BC^2}{AB},$

$\because AD + DB = AB,$

$\therefore \dfrac{AC^2 + BC^2}{AB} = AB,$ 即 $AB^2 = AC^2 + BC^2$。

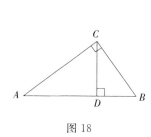

图 18

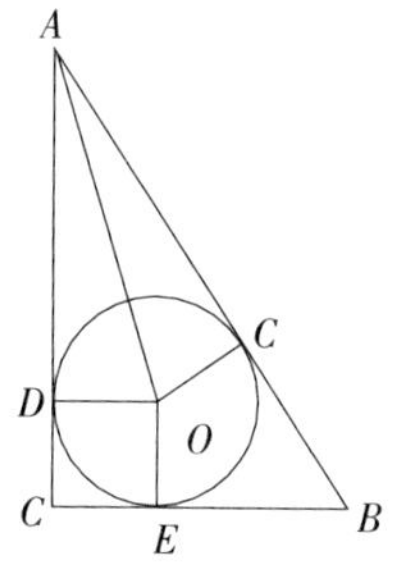

图 19

证法八：

如图 19，$\odot O$ 为 $\triangle ABC$ 的内切圆，由内切的性质，$AD = AC$，$CE = CD$，$EB = CB$，

$$\therefore r = \frac{a + b - c}{2}。$$

$\because S_{\triangle ABC} = \dfrac{1}{2}ab,$

另一方面 $S_{\triangle ABC} = \dfrac{1}{2}(a + b + c)\,r,$

$\therefore \dfrac{1}{2}ab = \dfrac{1}{2}\left(\dfrac{a + b - c}{2}\right)(a + b + c),$

$\therefore c^2 = a^2 + b^2。$

3. 勾股定理和外星文明

在太阳系之外，要想找到智慧生命，首先要有像太阳系一样的行星系统。天文学家估计，在银河系中类似的行星约有100万颗，可惜它们离我们太远了。很多学者认为，要寻找外星文明，首先应该寻找一种能跟外星人联系的"语言"，然后与外星人联系。而科学家们自然想起了"毕达哥拉斯定理"，正如我国著名数学家华罗庚所说："若要沟通两个不同星球的信息交往，最好在太空飞船中带去两个图形——表示'数'的洛书与表示'数形关系'的勾股定理图。"因为毕达哥拉斯定理反映了宇宙中最基本的形和数的关系，只要是具有智慧的高级生物，就一定会懂得其含义。"勾股定理"被认为是可以作为与外星人沟通的"语言"，其具体方法是：

方法1：在地球上找一个平坦的地方，画一个如图20所示的图形，通过这种最原始的勾股定理引起外星人的注意，从而引发他们也向地球发送相应的信号。

方法2：在非洲撒哈拉大沙漠一带，构建一个巨大的勾股定理立体模型，从而引起外星人的注意。

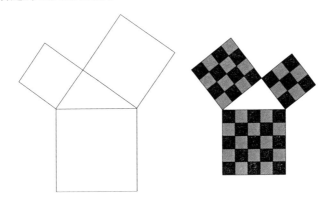

图20

当然，宇宙中哪些星球存在智慧生物？如果有外星人，他们真能读懂"勾股定理"吗？谁来揭开这个谜？这些问题有待人类进一步的探索。[①]

那么，为什么要发送勾股定理，为什么要把直角三角形作为智慧生物的一个标志，而不是其他几何定理呢？人类的生活离不开衣、食、住、行，其中"住"是一个很重要的方面。当原始人离开洞穴住进自建的简陋房屋时，真正的人类文明就开始了。我国古代就有"有巢氏构木为巢"的传说，足见建造房屋是人类文明发展的重要标志。由于地心吸引力，房屋的柱子、墙壁

---

① 朱哲，张维忠. 从赵爽弦图证明谈数学史教学应尊重历史. 中学数学月刊，2005（10）.

必须是铅垂的，而桌子等家具的上表面必须是水平的。要做到铅直或水平就必须作出直角，而且这个直角必须十分精确，因为墙脚、柱脚的毫厘之差就可能引起墙头、柱顶的以尺计的误差，建成的房屋就会摇摇欲坠。而观察周围的自然环境就可以发现，自然界中很难找到现成的直角。由此可知，作出第一个精确的直角乃是人类最重要的任务之一。而按照勾三股四弦五的方法就可以作出一个精确的直角，并且是作出一个直角三角形的最简单的尺寸，这也说明了勾股定理为什么最先以这一特例出现。

4. 从勾股到费马大定理

不定方程 $x^2 + y^2 = z^2$ 又称为勾股方程。勾三、股四、弦五即 $x = 3$，$y = 4$，$z = 5$ 是不定方程的一组特殊整数解。

$x^2 + y^2 = z^2$ 的每一正整数解 (a, b, c)（即 $x = a$，$y = b$，$z = c$ 称为勾股数）。勾股数有无穷多组。不难证明，如果 (a, b, c) 是勾股数，那么对于任一正整数 k，(ka, kb, kc) 也一定是勾股数。因此，在这一类勾股数中，总可以找出最简单的一组 (a, b, c)，其中 a，b，c 三数没有大于 1 的公因数，这样的勾股数称为基本勾股数。

先给出基本勾股数的一个重要性质：

a，b 不能有相同的奇偶性，即 a，b 必是一奇一偶；而 c 一定是奇数，这里 (a, b) 表示 a，b 的最大公约数。

证明 1：由基本勾股数知 $(a, b, c) = 1$，a，b 不能同为偶数，若 a，b 同为偶数，则由 $a^2 + b^2 = c^2$ 知，c 也为偶数，这与 $(a, b, c) = 1$ 矛盾。a，b 不能同为奇数，这是因为若 a，b 同为奇数，则 $a = 2k + 1$，$b = 2m + 1$；由 $a^2 + b^2 = c^2$ 知，c 为偶数，设 $c = 2n$，则 $c^2 = 4n^2$；另一方面 $c^2 = a^2 + b^2 = (2k+1)^2 + (2m+1)^2 = 4(k^2 + m^2 + k + m) + 2$，得知 c^2 为被 4 除余 2 的数。这又得到矛盾。

综上所述 a，b 为一奇一偶，由 $a^2 + b^2 = c^2$ 可知，c 为奇数。

希腊的丢番图（活动于公元 250～275 年）求得 $x^2 + y^2 = z^2$ 一般的解答是：$x = 2mn$，$y = m^2 - n^2$，$z = m^2 + n^2$，其中 m，n（$m > n$）是任意正整数。

如果 $x^2 + y^2 = z^2$ 不增加未知项数，仅增高次数，这将引导你去想：$x^3 + y^3 = z^3$，$x^4 + y^4 = z^4$，…，一般地，没有三个正整数 x，y，z，满足：$x^n + y^n = z^n$（$n \geqslant 3$ 时），这就是数学中著名的费马大定理。法国数学家费马

在翻阅丢番图著作时，在他的数学随笔中写下这样一句话："我发现一种绝妙的证法，可惜这里空白太少，写不下。"这句话记于丢番图《算术》1621年版第2卷的空白处。正因为这句话，更加深了人们对大定理易证的误解，也是这句话，使不少世界一流的数学家为之"竞折腰"，更不用说广大数学爱好者为之耗费的大量时间和精力，但毫无收获。虽然如此，费马大定理在数学史上意义是深远的。著名数学家希尔伯特把"费马大定理"比喻成"会下金蛋的鸡"。

下面（如图 21 所示）我们从图像上，再现一下费马大定理，以便对它的困难有一直观的了解。为此先看一下勾股数的几何意义。$x^2 + y^2 = z^2$ 有正整数解等价于 $X^2 + Y^2 = 1 \left(令\ X = \dfrac{x}{z},\ Y = \dfrac{y}{z}\right)$ 有正有理数解。因为 $X = \dfrac{x}{z}$，$Y = \dfrac{y}{z}$，而 x，y，z 是整数，则 X，Y 便是有理数；反之，X，Y 是有理数，只需通分，即可求出前者的整数解。然而转化的优点在于：后者少了一个变量，因此，可以在平面直角坐标平面上表示它。我们知道 $X^2 + Y^2 = 1$ 是单位圆。因此，有一组勾股数 3，4，5，相应地便是两个有理点 $\left(\dfrac{3}{5},\ \dfrac{4}{5}\right)$，$\left(\dfrac{4}{5},\ \dfrac{3}{5}\right)$ 在单位圆弧（位于第一象限）上。

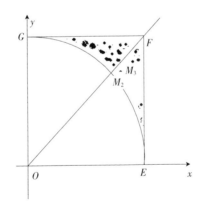

图 21

单位圆弧经过有理点，并不奇怪。因为平面上的有理点"密密麻麻"。奇怪的是竟有曲线不过任何的有理点。费马大定理，正是这种非凡曲线的体现，因为 $x^2 + y^2 = z^2$（$n > 2$）无正整数解等价于 $X^n + Y^n = 1$（$n > 2$）无正有理数解。为了看清后者的图像，先定一下范围：

∵ $X^n + Y^n = 1$（$n > 2$），且 $X > 0$，$Y > 0$；

∴ $X \leqslant 1$，$Y \leqslant 1$。

设 E，F 和 G 的坐标分别是 $(1, 0)$，$(1, 1)$ 和 $(0, 1)$，于是曲线 $X^n + Y^n = 1$（$n > 2$）皆位于第一象限的正方形 $OEFG$ 内。其次解联立方程组：

$$\begin{cases} X^n + Y^n = 1 \\ Y = X \end{cases}，便得到它们的交点 M_n \left(\frac{1}{\sqrt[n]{2}}, \frac{1}{\sqrt[n]{2}} \right)，$$

∵ $1 < \sqrt[n]{2}$ 且 $n \to \infty$ 时，$\sqrt[n]{2} \to 1$；

∴ $\frac{1}{\sqrt[n]{2}} < 1$ 且 $n \to \infty$ 时，$\frac{1}{\sqrt[n]{2}} \to 1$；

∴ 当 $n \to \infty$ 时，$M_n \to F$。

由此可知：$X^n + Y^n = 1$（$n > 2$）代表的费马曲线，它们在正方形 $OEFG$ 内，从圆 $X^n + Y^n = 1$ 开始，随着 n 的增大而向外移动，且无限靠近正方形两边 EF，FG，因此，从表面上看它们与圆一样平凡。[1]

然而，费马大定理却说：费马曲线不过任何有理点。

这就怪了！正方形内的有理点"密密麻麻"。密密麻麻还不足以形容有理点的稠密。数学上的稠密是指：任意两个有理点，不论它们多么靠近，在这两点之间还有无穷多有理点。费马曲线 $X^n + Y^n = 1$（$n > 2$）随 n 的增大，又在正方形两边 EF，GF 处无阻密聚。难道这一簇曲线，个个都有孙悟空的本领，专从那根本看不见的空隙里，钻来钻去，竟不碰那密密麻麻的有理点？

费马曲线确有这种神奇的本领。这便是费马大定理的几何意义。

这既是费马大定理的直观解说，也是费马大定理所蕴含的深刻属性。

因为 $X^n + Y^n = 1$ 是代数曲线。深入研究代数曲线的内容与分类，属于代数拓扑学。这也是为什么一个看似普通的数论问题，要用解析数论、代数拓扑的高深知识，才能完全解决的道理。

5. 勾股定理的历史意义

勾股定理作为中国古代数学发展的一个出发点，在中国占有特别重要的位置。关于这一点吴文俊院士用下面的附表来表示[2]：

---

① 李长明. 灿烂星光古今数学二十杰传奇. 武汉：湖北教育出版社，2010.

② 李长明. 灿烂星光古今数学二十杰传奇. 武汉：湖北教育出版社，2010.

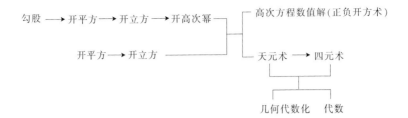

相反，在西方又称毕达哥拉斯定理，它在西方也特别重要。

因此，有人说勾股定理是千古第一定理。

一元 n $(n \geqslant 3)$ 次方程求解的历史

学习过一元二次方程的人都知道：由于人们找到了一元二次方程 $ax^2 + bx + c = 0$（$a \neq 0$ 的常数）的求根公式，只要将方程的系数代入公式，就可以算出方程的根，或者就能判明方程有没有实数根。大家很自然会产生这样的疑问：对于任意的一元三次甚至更高次的方程，是不是也有一般的求根公式呢？其实早在 1 000 多年前，这个问题就已经引起了人们的兴趣，很多数学家热衷于对它的研究。在探索过程中有一段非常有趣而富有启发性的历程。庞加莱曾经说："如果我们希望预知数学的将来，适当的途经是研究这门科学的历史和现状。"历史上大数学家所遇到的困难，恰恰是学生会遇到的学习障碍。通过对一元 n（$n \geqslant 3$）次方程求解公式的历史追溯，才可了解其曲折的发展过程，从中把握大师们的思想和挫折，提升学习者数学的精神和内含。

一、三次和四次方程的求解历史

在 16 世纪以前的西方，人们还不会解三次方程，甚至有人认为 $x^3 + mx + n = 0$（m，n 是常数）（m，n 是正数）现在不可解，正像化圆为方问题一样（意思是不可解）。这是 15 世纪末意大利著名数学家巴巧利在他的一本数学专著中提到的。虽然这个断言是错误的，但它给数学界以很大的刺激，使得研究三次方程解法的人越来越多。其中，最著名的当数意大利的塔塔利亚（1500～1557）。[①]

最先是意大利波伦亚大学的费罗（S. Ferro，1465～1526）大约在 1500年左右给出了 $x^3 + px = q$（p，q 是常数）这类三次方程的求解方法（注意，不可称为求解公式，因为当时还没有现代式的数学符号，因此费罗给出的只能是文字叙述的求解方法而不可能是现代式的简洁的公式），他并没有马上发表这项成果，他对自己的解法严格保密。这在当时有其原因，那时一个人若想要保住自己的大学职位，必须与他人的学术争论立于不败之地，因此，一个重要的发现就是最好的秘密武器。直到 1510 年左右传给了他的学生费

---

① 孙宏安. 塔尔塔利亚与三次方程求解. 数学通报，1995（7）.

奥尔（A. M. Fior）。

第二位是位意大利数学家塔尔塔利亚（N. Tartaglia，约 1499～1557）在 1530 年左右独立得到 $x^3 + px^2 = q$（p，q 是常数）类型（没有一次项）的三次方程的求解方法。费奥尔知道后，怀疑别人的成果，就向塔尔塔利亚提出挑战，要求就此进行公开辩论。这种公开辩论于 16～17 世纪在意大利学术界非常流行，事先由挑战应战双方约好辩论的内容、方式、地点、评判人及双方出的资金（略带有赌博的性质），并对外公布，到时辩论。辩论获胜者不但可得到全部资金，还能够名扬天下，得到各大学的讲学邀请；失败者则名声扫地，有时还会失去教职。塔尔塔里亚迅速应战。1534 年 2 月 22 日，费奥尔向塔尔塔利亚提出 30 个问题，约定 1 年后进行公开辩论。他的这些问题都是他会解的缺二次项的三次方程，与塔尔塔里亚解过的不同。塔尔塔利亚奋起努力，终于在 1535 年 2 月 12 日得出这类方程的解法。与此同时，塔尔塔利亚也向费奥尔提出 30 个问题，其中有些问题是缺一次项的三次方程，费奥尔解不出来，塔尔塔利亚大获全胜。[①]

塔塔利亚原名丰坦那，是自学成名的数学家。他幼年生活贫困。意法战争爆发后，法军攻陷他的家乡布里西亚，布里西亚人民遭到屠杀。塔的父亲携带他藏在寺院之中，仍难幸免。父亲被法军杀死，小塔尔塔利亚头部和上下颌受重伤。他母亲到处寻找，终于在尸骸堆中把儿子翻了出来。当时就医是没有条件的，母亲只好用舌头去舔儿子的伤口。这种最原始的办法居然救活了小塔尔塔利亚，但因受伤过重，愈后说话不灵，呈口吃状，所以人们都叫他塔尔塔利亚（口吃者的意思）。塔氏 14 岁才上学，但因无钱交学费仅念两周就辍学了，从此在母亲的指导下自学，学会了拉丁文和希腊文，并对数学产生了兴趣。他勤于钻研，进步很快，在 17 岁时担任了算盘教师，后来还主管过一所小学。1534 年，移居威尼斯，担任数学教师，并继续研究数学和其他科学，相继出版了多部学术著作，1546 年获讲师资格，除其后两年在家教中学外，一直在威尼斯教书，直至去世。塔尔塔利亚最主要的数学成就就是求出三次方程的一般解法，在塔氏的著作《各种问题和发明》（1546）中，对发现这一解法的过程及围绕它产生的争论都作了详细的描述。

第三位是意大利数学家卡尔达诺（G. Car-dano，1501～1576），卡尔达诺 1501 年出生于帕维亚，是一位法官的私生子。他是一个易动感情的人，性格多变，职业也多变，还是个赌徒。

---

① 林革. 饱受非议的怪杰数学家：卡丹. 数学通讯，2011（11 下半月）.

他时而醉心于数学，时而又对占星术有浓厚的兴趣。他对占星非常酷爱，甚至编基督教的星占表，被控为邪说而被监禁起来。出狱后，丢了帕维亚和波洛尼亚大学的饭碗，迁到罗马，成为有名的占星学家。据说，卡尔达诺曾预言过自己要在某一天死亡。为了保证他这个星相家的荣誉，他在1576年的某一天自杀。莱布尼兹曾评价他说："他是一个将才能与不佳的人品集于一生的人。"①

卡尔达诺也在研究三次方程，并且对三次方程做过深入的研究，但毫无成果，就在当他得知塔尔塔利亚解三次方程获胜的消息不久时，他按捺不住求知的欲望，于是多次专程拜访塔尔塔利亚并向其求教，都遭到拒绝。最后在决不泄密誓言的保证后，塔尔塔利亚把他关于缺二次项的三次方程的解法写成一首25行的诗送给卡尔达诺。卡尔达诺做了深入的研究，首先是用几何方法证明了这一解法，然后找出多种类型的三次方程的解法并给出证明，进而提出三次方程的不可约情况——即方程有实数根，在三次方程的求根公式得出后不久，卡尔达诺的学生费拉利（L. Ferrari）很快发现了四次方程的求根公式，他的方法也公布在卡当的《大术》里。

但他求解时遇到负数开方的问题。这些成果已远超过塔尔塔利亚。在知道费罗、费奥尔等已经得到三次方程的解法并认真落实后，卡尔达诺也许认为没有再保密的必要了，就在自己1545年出版的著作《大术》中公布了他所知的几类三次方程的解法及证明。研究了4项俱全的一般三次方程的求解问题并给出解法，他还对解法的来源做了记载，指出费罗和塔尔塔利亚的工作，还指出塔尔塔利亚曾告诉过自己三次方程的解法，但他违背了承诺的做法仍然激怒了塔尔塔利亚，后者不断出书、写信斥责卡尔达诺。

卡尔达诺的学生费拉里（L. Ferrair，1522～1565）为老师鸣不平，与塔尔塔利亚进行了长达2年的互致公开信争辩，后来向塔尔塔利亚提出公开辩论的挑战，1548年6月，塔尔塔利亚决定应战，约定在当年8月10日在米兰大教堂附近举行公开辩论，请米兰执政官费兰特做评判人。辩论进行了两天，第一天争论无结果，第二天由于塔尔塔利亚拒绝出席而使费拉里获胜。因而数学上三次方程的解法至今仍被称为卡尔达诺公式，塔尔塔利亚之名反而湮没无闻。②

---

① 林革. 饱受非议的怪杰数学家：卡丹. 数学通讯，2011（11下半月）.
② 肖红霞. 一元三次方程求解史话. 数学之友，2011（12）.

二、一元三次和四次方程的具体解法

首先看一元三次方程的解法，读者们如果让你去解一元三次方程，你会如何思考呢？

"历史是一面镜子。"面对一时难以解决的困惑，可通过"回顾历史"来"展望未来"。这里所谓的"回顾历史"就是指先前学习过一元二次方程的解法。中学里每本教材在一元二次方程的解法学习时，是从特殊到一般，简单到复杂的思路。$ax^2+bx+c=0$（$a\neq0$ 的常数）：

在解一元二次方程时，先从最简单的一元二次方程入手：$ax^2+c=0$（$a\neq0$，$ac<0$），用到的方法是直接开方法；再解简单的一元二次方程：$x^2+bx=0$ 和 $x^2+bx+c=0$ 用的是配方法；接下来解一般的一元二次方程 $ax^2+bx+c=0$（$a\neq0$ 的常数，把配方法继续推进，直接不能开方进行配方后再开方，用到的思想方法主要为化归思想。

其实历史上在解一元三次方程时，也遵循从简单到复杂的路线。

解一元三次方程

$$\xrightarrow[\text{费罗}]{\text{第一个数学家}} x^3+px=q \text{（}p，q\text{ 是常数）} \longrightarrow$$

$$\xrightarrow[\text{塔尔塔利亚}]{\text{第二个数学家}} x^3+px^2=q \xrightarrow[\text{卡尔达诺}]{\text{第三个数学家}} a_1x^3+a_2x^2+a_3x+a_4=0 \text{ 求根公式。}$$

2.1　费罗所解决的方程：$x^3+px+q=0$（p，q 是常数）的解法

由于步骤比较繁琐，下面分成几个步骤进行：

（1）设 $x=u+v$，把等式两边立方得到 $x^3=(u+v)^3=u^3+v^3+3uv(u+v)$。

（2）把 $x^3=u^3+v^3+3uv(u+v)$ $\xrightarrow[u+v=x]{\text{移项}}$ $x^3-3uvx-(u^3+v^3)=0$。

（3）比较两个式子：$x^3-3uvx-(u^3+v^3)=0$ 和 $x^3+px+q=0$。

（4）得到 $p=-3uv\longrightarrow uv=-\dfrac{p}{3}$；$q=-(u^3+v^3)$。

（5）从上面的式子可以得到 $u^3v^3=-\dfrac{p^3}{27}$；$(u^3+v^3)=-q$，那么把 $x_1=u^3$，$x_2=v^3$ 看作方程的 $x^2+qx-\dfrac{p^3}{27}=0$ 的两根。

（6）解得 $x_1=u^3=-\dfrac{q}{2}+\dfrac{1}{2}\sqrt{q^2+\dfrac{4p^3}{27}}$，$x_2=v^3=-\dfrac{q}{2}-\dfrac{1}{2}\sqrt{q^2+\dfrac{4p^3}{27}}$。

（7）由（6）知 u，v 都有三个解，即 u，$u\omega$，$u\omega^2$ 和 v，$v\omega$，$v\omega^2$。其中

$$\omega = -\frac{1}{2} + \frac{\sqrt{3}}{2}i。$$

（8）由（6）知 $u = \left(-\frac{q}{2} + \frac{1}{2}\sqrt{q^2 + \frac{4p^3}{27}}\right)^{\frac{1}{3}}$，$v = \left(-\frac{q}{2} - \frac{1}{2}\sqrt{q^2 + \frac{4p^3}{27}}\right)^{\frac{1}{3}}$。

这就是一元三次方程的实根解。

（9）最后得到方程的公式解：$x_1 = u_1 + v_1 = u_1 + v_1$；

$$x_2 = u_2 + v_3 = u\omega + v_1\omega^2 = -\frac{1}{2}(u_1 + v_1) + i \cdot \frac{\sqrt{3}}{2}(u_1 - v_1)；$$

$$x_3 = u_3 + v_2 = u\omega^2 + v_1\omega = -\frac{1}{2}(u_1 + v_1) - i \cdot \frac{\sqrt{3}}{2}(u_1 - v_1)。$$

2.2 塔尔塔利亚所解决的方程：$x^3 + px^2 + q = 0$（p，q 是常数）

当一元三次方程的二次项系数为 0，一次项系数为 1 时，形如 $x^3 + px + q = 0$（p，q 是常数）已解决。进一步一次项系数为 0 时，这就是塔尔塔利亚所解决的特殊的一元三次方程：$x^3 + px^2 + q = 0$（p，q 是常数）。这样的方程又如何求解呢？其实只要设 $x = t - \frac{p}{3}$，代入 $x^3 + px^2 + q = 0$ 化成简单形式：$t^3 - \frac{p^2}{3}t + \frac{2p^2}{27} = 0$。这样又化归到费罗的最简单的方程：$x^3 + px + q = 0$。再由费罗方法可得方程的解。

2.3 卡尔达诺对一般一元三次方程的求解：$ax^3 + bx^2 + cx + d = 0$（$a \neq 0$）

对于 $ax^3 + bx^2 + cx + d = 0$（$a \neq 0$）只要做 $x = t - \frac{b}{3a}$ 变换。

代入方程得 $a\left(t - \frac{b}{3a}\right)^3 + b\left(t - \frac{b}{3a}\right)^2 + c\left(t - \frac{b}{3a}\right) + d = 0$（$a \neq 0$）；

整理得 $t^3 + \frac{3ac - b^2}{3a^2}t + \frac{2b^3 - 9abc + 27a^2d}{27a^3} = 0$。

记 $p = \frac{3ac - b^2}{3a^2}$，$q = \frac{2b^3 - 9abc + 27a^2d}{27a^3}$，则得到 $t^3 + pt + q = 0$，又化归到最简单的一元三次方程。通过求得 t 的值，再代入 $x = t - \frac{b}{3a}$，求得 x 的值。

下面举一个例子来说明：

解方程：$2x^3 - 6x^2 + 12x - 11 = 0$。

解：令 $x = y - \frac{b}{3a} = y + 1$，代入原方程。

化简得：$y^3+3y-\dfrac{3}{2}=0$，$p=3$，$q=-\dfrac{3}{2}$，又令 $y=u+v$；

$$\begin{cases} u^3+v^3=\dfrac{3}{2} \\ u^3v^3=-1 \end{cases};$$

又令 $\begin{cases} t_1=u^3 \\ t_2=v^3 \end{cases}$，构成一元二次方程的两个根 $t^2-\dfrac{3}{2}t-1=0$。

解得：$t_1=2=u^3$，$t_2=-\dfrac{1}{2}=v^3$；

$\therefore u_1=\sqrt[3]{2}$，$u_2=u_1\omega$，$u_3=u_1\omega^2$，$v_1=\sqrt[3]{-\dfrac{1}{2}}$，$v_2=v_1\omega$，$v_3=v_1\omega^2$，其中

$\omega=-\dfrac{1}{2}+\dfrac{\sqrt{3}}{2}i$；

又 $uv=-\dfrac{p}{3}=-1$，将 u_1，u_2，u_3，v_1，v_2，v_3 进行配对得到：

$$\begin{cases} y_1=u_1+v_1 \Rightarrow x_1=y_1+1=\sqrt[3]{2}+\sqrt[3]{-\dfrac{1}{2}} \\ y_2=u_2+v_3 \Rightarrow x_2=y_1+2=\sqrt[3]{2}\omega+\sqrt[3]{-\dfrac{1}{2}}\omega^2+1 \\ y_3=u_3+v_2 \Rightarrow x_3=y_3+1=\sqrt[3]{2}\omega^2+\sqrt[3]{-\dfrac{1}{2}}\omega+1 \end{cases}$$

总之，一元三次方程都通过适当的变形化归成最简单的形式：$x^3+px+q=0$。最代入公式求得方程的解。

2.4　费拉里求解一元四次方程：$mx^4+ax^3+bx^2+cx+d=0$（$m\neq0$）

记一元四次方程的一般形式：$mx^4+ax^3+bx^2+cx+d=0$（$m\neq0$），为了简便，记 $m=1$（其实 $m\neq1$，两边除以 m，可得四次系数为 1）。解一元三次方程总的思路是降次，把三次降为二次，同样，四次通过降次化归为三次方程，三次方程可用公式解得。具体分成以下几个步骤：

（1）$x^4+ax^3+bx^2+cx+d=0$（$m\neq0$）$\xrightarrow{\text{移项}}x^4+ax^3=-bx^2-cx-d$；

（2）$x^4+ax^3=-bx^2-cx-d \xrightarrow{\text{配方}} x^4+ax^3+\left(\dfrac{a}{2}x\right)^2=\dfrac{a^2}{4}x^2-bx^2-cx-d$，

即 $\left(x^2+\dfrac{a}{2}x\right)^2=\left(\dfrac{a^2}{4}-b\right)x^2-cx-d$。

（3）引入参数 t，如果所取 t 的值使右边关于 x 的二次三项式，也能变成一个完全平方式，那么左边也是关于 x 的一次式，也能变成一个完全平方式。

$$\left(x^2+\frac{a}{2}x\right)^2+\left(x^2+\frac{a}{2}x\right)t+\frac{t^2}{4}=\left(x^2+\frac{a}{2}x\right)t+\frac{t^2}{4}+\left(\frac{a^2}{4}-b\right)x^2-cx-$$

$$d\xrightarrow{\text{配方}}$$

$$\left(x^2+\frac{a}{2}x+\frac{t}{2}\right)^2=\left(t+\frac{a^2}{4}-b\right)x^2+\left(\frac{at}{2}-c\right)x+\frac{t^2}{4}-d。$$

（4）上式的右边也是一个完全平方式，此时 $\Delta=0\rightarrow b^2-4ac=\left(\frac{at}{2}-c\right)^2$ $-4\left(t+\frac{a^2}{4}-b\right)\left(\frac{t^2}{4}-d\right)=0$，化简得到 $t^3-bt^2+(ac-4d)t-(a^2d+4bd-c^2)=0$。这个方程为一元三次方程，可由公式求得 t 的值。

上述求一元四次方程先通过配方，然后化归成一元三次方程一般形式，再由一元三次方程的一般形式化归成缺二次项的一元三次方程。

找到一元三次和四次方程求解公式，那么很自然地，大家都在想：用变换的方法能否把五次甚至更高的次数的方程化成低次，从而找到高次方程的求根公式？

大数学家欧拉，在 1750 年做过这种尝试，结果失败了，30 年后，另一位数学家拉格朗日也尝试了，也失败了。这个问题一直困扰着数学界 200 多年，直到两位年轻的数学家出现才解决了难题。

三、四次以上代数方程求解历程

3.1 年轻大数学家阿贝尔的贡献

阿贝尔（N. Abel，1802～1829）是挪威一个乡村牧师的儿子，幼年丧父，家境十分贫困，他从小学到大学读书的学费和生活费用，全靠母亲帮人挣得的钱来供给他读书，以及依靠一些教授的资助。阿贝尔很珍惜母亲的劳动，生活过得十分简朴，但学习很用功，并对数学产生了浓厚的兴趣。在大学读书时，当时公认的世界级的难题——寻求一元 n（$n\geqslant 5$）次方程的代数解法，吸引住了他，他阅读了拉格朗日、欧拉、高斯等大数学家关于五次方程理论的著作，并着手寻求高次方程的代数解法，并曾经有一个时期，他认为自己已找到了五次方程的求根公式，但很快自己发现了错误。1924 年，当时只有 22 岁的大学生阿贝尔写出了《五次方程的代数解法不可能存在》的正确证明。可惜这篇具有划时代意义的论文，当时没有被人们理解。阿贝尔将这篇论文送给当时世界数学王子——德国大数学家高斯审阅，可是高斯没有理解和认识到这篇论文的重要意义，并将论文搁置一边。1825 年以后的四年中，阿贝尔在数学研究中的许多方面，都做出了很有创见性的成就，他证明了一般的 n（$n \geqslant 5$）次方程用根式解是不可能的。他这一辉煌成果震动了世界整个数学界。由于贫困和病魔交加，于 1829 年 4 月 6 日，年轻的阿贝尔死于肺结核病，终年 27 岁。这时柏林大学已聘请他为数学教授，当聘书寄到之日，已是阿贝尔死后的第三天了。阿贝尔去世，是人类数学史上的一大损失，阿贝尔在数学上做出了具有划时代意义的贡献，法国数学家埃尔米特（Charles Hermite）甚至说："阿贝尔留下的东西足够数学家忙碌 150 年。"事实上，现在的数学家仍在忙碌于他开辟的各个领域。

阿贝尔虽然证明了一般的"一元 n（$n \geqslant 5$）次方程的代数解不存在"，但并非所有一元 n（$n \geqslant 5$）次方程无代数解，比如 $x^n - 1 = 0$，就有代数解。因此，产生了一元 n（$n \geqslant 5$）次方程在什么条件下有代数解，在什么情况下无代数解的问题。这又是世界上的一个数学大难题，这个难题又是谁证明的？

3.2　年轻大数学家伽罗华的贡献

他是一个天才少年，15 岁学习数学，短短 5 年就创造出对后世影响深远的"群论"，带来数学的革命。他也是一个悲情少年，两次升学未成，三次论文发表被拒，两次被捕入狱，20 岁时就因与情敌对决而黯然离世。他就是法国数学家伽罗华，其惊人才华的背后却是充满坎坷的悲剧人生。

伽罗华 1811 年出生于法国巴黎。1826 年，15 岁的伽罗华开始选修初级数学的课程，从而使他的数学天赋被彻底激发。伽罗华很快对数学教科书的内容感到无聊和厌倦，开始自学数学大师的巨著，如勒让德的《几何原理》、拉格朗日的《解析函数》等。伽罗华有着炉火纯青的心算本领，可以凭借纯粹的心算完成最困难复杂的数学研究。1828 年伽罗华在法国一个专业数学杂志上，发表了他的第一篇论文——《周期连分数一个定理的证明》。虽然此时的伽罗华还只是一名中学生，但已经能把大数学家的工作向着更完美的方向推进。也正是这一年，17 岁的伽罗华第一次参加升入巴黎综合理工学院的入学考试，这所学校被誉为法国科学界的最高学府。但可能因为准备不足，伽罗华的考试失败了。[①]

早在 1828 年，17 岁的伽罗华就开始研究方程论，他创造了"置换群"

---

① 姚兴航. 伽罗华：最悲情的天才数学家. 科技视野，2011（5）.

的概念和方法，解决了几百年来使人头痛的高次方程求解问题。伽罗华最重要的成就，就是提出了"群"的概念，他用群论改变了整个数学的面貌。1829 年 5 月，伽罗华将其研究的初步结果提交给法国科学院。负责审查这篇论文的是当时法国数学界的泰斗——柯西。当时柯西意识到这篇论文的重要性，也曾提及要在科学院的会议上介绍这篇文章，但在随后的科学院会议上柯西并未提及伽罗华的工作。为何柯西会忘记这么重要的事，成了一个无法解开的谜。后来，伽罗华论文的手稿也遗失了，此事便不了了之。1829 年 7 月，伽罗华的父亲在政治斗争中遭到迫害，自杀身亡。父亲的惨死对伽罗华打击很大。父亲去世后没过多久，18 岁的伽罗华再次参加了巴黎综合理工学院的入学考试。在口试中，傲慢的主考与伽罗华辩论一道数学难题，主考自己错了却未意识到，而且对伽罗华自创的理论丝毫不能理解。在主考官眼中，伽罗华只是一个不切实际、好高骛远的学生，还轻蔑地嘲笑他。伽罗华再次落选了。1829 年 10 月，伽罗华写了几篇大文章，并希望用自己的全部著作来应征法国科学院的数学特别奖。于是伽罗华整理好自己的论文，再次提交到法国科学院。此次主持审查论文的也是当时数学界权威人士，法国科学院院士——傅立叶。然而很不幸，傅立叶在 3 个月后病逝，也许根本没来得及仔细看这篇论文。后来人们在傅立叶的遗物中也没有再见到伽罗华的数学论文。就这样，伽罗华的论文第二次被丢失了。伽罗华没有灰心，继续研究自己在数学领域的新成果，第三次写成论文，于 1831 年第三次向法国科学院提交。主持这次审查的是科学院院士泊松。这一次论文总算没有丢失，但论文中用了"置换群"这个崭新的数学概念和方法，以致像泊松那样赫赫有名的数学家一下子也未能领会。泊松认为伽罗华的论文晦涩难懂，希望他能更加详尽地重写。于是，伽罗华第三次提交给科学院的论文以一条"不可理解"的评语而被否定了。

伽罗华第一次出狱后因身穿炮兵部队制服带领群众在街上游行示威，再次被捕，这次他被判入狱 6 个月。伽罗华第二次出狱后不久，便爱上了一个风骚的舞女。为了这个女人，伽罗华卷入了一场涉及"爱情与荣誉"的决斗。伽罗华知道他的情敌枪法很好，自己恐怕难逃一死，于是在决斗前夜，即 1832 年 5 月 29 日晚上，通宵达旦地把其平生所研究的数学成果写成了一个极其潦草的大纲，并在遗书手稿的旁边注释中写道："我没有时间了!"1832 年 5 月 30 日清晨，伽罗华在决斗中被情敌打穿了肠子，次日上午 10 点在医院去世。至此，数学史上最年轻、最富有创造性的数学家永远凋零，卒年 20 岁零 8 个月。

为了对伽罗华的思想有一个初步的感受，下面做一个粗浅的介绍：

伽罗华的思想是将一个 n 次方程 $x^n + a_1 x^{n-1} + a_2 x^{n-2} + a_3 x^{n-3} + \cdots + a_n = 0$ 的 n 个根 x_1，x_2，x_3，$\cdots$，x_n 作为一个整体来考察，并研究它们之间的排列或称"置换"。以四次方程的四个根 x_1，x_2，x_3，x_4 为例，在包含这些 x_i 的任何表达式中交换 x_1 和 x_2 就是一个置换，用 $P_1 = \begin{bmatrix} x_1 & x_2 & x_3 & x_4 \\ x_2 & x_1 & x_3 & x_4 \end{bmatrix}$ 来表示。另一个置换用 $P_2 = \begin{bmatrix} x_1 & x_2 & x_3 & x_4 \\ x_3 & x_4 & x_1 & x_2 \end{bmatrix}$ 表示。第一个置换后再实行第二个置换，等价于实行第三个置换 $P_3 = \begin{bmatrix} x_1 & x_2 & x_3 & x_4 \\ x_4 & x_3 & x_1 & x_2 \end{bmatrix}$。共有 24 个置换，它们的全体构成集合 P，伽罗华称之为"群"，他同时考虑方程的系数的有理表达式形成的集合 F（今天称为基本域，是出现最早的域）。

考虑 P 的一个子集 G，其中的每个置换使方程的以 F 的元素为系数的所有代数关系保持不变。伽罗华称 G 为"方程的群"，即今天所谓的伽罗华群，并指出它是解决全部方程根式可解问题的关键。

设方程 $x^4 + apx^2 + q = 0$，其中 p，q 是独立的，令 F 是 p，q 的有理表达式形成的域（基本域），$\dfrac{3p^2 - 4q}{q^2 - 7p}$ 就是这样一个表达式。这个方程的四个根：

$$x_1 = \sqrt{\frac{-p + \sqrt{p^2 - 4q}}{2}}, \quad x_2 = -\sqrt{\frac{-p + \sqrt{p^2 - 4q}}{2}},$$

$$x_3 = \sqrt{\frac{-p - \sqrt{p^2 - 4q}}{2}}, \quad x_4 = -\sqrt{\frac{-p - \sqrt{p^2 - 4q}}{2}};$$

这些根的系数在 F 中的下列两个关系成立：$x_1 + x_2 = 0$，$x_3 + x_4 = 0$。可以验证，在方程根的所有 24 个可能置换中，下面 8 个置换：

$$E_1 = \begin{bmatrix} x_1 & x_2 & x_3 & x_4 \\ x_1 & x_2 & x_3 & x_4 \end{bmatrix}, \quad E_2 = \begin{bmatrix} x_1 & x_2 & x_3 & x_4 \\ x_2 & x_1 & x_3 & x_4 \end{bmatrix};$$

$$E_3 = \begin{bmatrix} x_1 & x_2 & x_3 & x_4 \\ x_2 & x_1 & x_4 & x_3 \end{bmatrix}, \quad E_4 = \begin{bmatrix} x_1 & x_2 & x_3 & x_4 \\ x_2 & x_1 & x_3 & x_4 \end{bmatrix};$$

$$E_5 = \begin{bmatrix} x_1 & x_2 & x_3 & x_4 \\ x_3 & x_4 & x_1 & x_2 \end{bmatrix}, \quad E_6 = \begin{bmatrix} x_1 & x_2 & x_3 & x_4 \\ x_4 & x_3 & x_1 & x_2 \end{bmatrix};$$

$$E_7 = \begin{bmatrix} x_1 & x_2 & x_3 & x_4 \\ x_3 & x_4 & x_2 & x_1 \end{bmatrix}, \quad E_8 = \begin{bmatrix} x_1 & x_2 & x_3 & x_4 \\ x_4 & x_3 & x_2 & x_1 \end{bmatrix}$$

都能使上述两个关系在 F 中保持成立，并且这 8 个置换是 24 个置换中，使根之间在域 F 中的全部代数关系都保持不变的仅有的置换。这 8 个置换就是方程在域 F 中的群，即伽罗华群。

需要指出，保持根的代数关系不变，就意味着在此关系中根的地位是对称的。因此，伽罗华群刻画了方程的根的对称性。伽罗华指出，方程的群（即伽罗华群）与它是否根式可解存在着本质联系，对方程的群的认识，是解决全部根式可解问题的关键。伽罗华证明，当且仅当方程的群满足一定的条件（即方程的群是可解群）时，方程才是根式可解的，也就是他找到了方程根式可解的充分必要条件。

伽罗华攻克的难题是三百年前的老问题，但他的思想远远超出了他的时代。他的工作可以看成近世代数的发端。这不只是因为他解决了方程根式可解性这样一个难题，更重要的是群概念的引进导致了代数学在对象、内容和方法上的深刻变革。

因此，伽罗华短暂的一生，是坎坷的一生，也是为人类做出伟大贡献而光辉的一生。阿贝尔从理论上证明了一元 n（$n \geqslant 5$）次方程无代数解。伽罗华在阿贝尔的基础上，进一步证明了一元 n（$n \geqslant 5$）次方程在什么条件下有代数解，在什么条件下无代数解。但是在社会生产实践中，一元 n（$n \geqslant 5$）次方程的根，不管你能不能用代数方法解出来，都要把它的根近似表示出来，这就是高次方程的数值解。解决这个问题的实际意义大大超过这个问题的难度，并不亚于阿贝尔、伽罗华从理论上去证明一元 n（$n \geqslant 5$）次方程有无代数解的难度。那么高次方程数值解，又是谁解决的呢？

3.3　中国古代伟大数学家秦九韶的贡献

中国早在公元 50～100 年东汉时期，在《九章算术》里，就记载了一元二次方程的数值解法。11 世纪上半叶，贾宪就提出了与根近似计算密切相关的《开方作法本源图》，既贾宪三角形，它比欧洲人所说的《巴斯加三角形》早 600 年。但高次方程的数值解的一般方法，要归功于伟大数学家秦九韶。秦九韶（1102～1261）字道古，四川安岳人，从小人极聪慧，早年随父到杭州，在杭州师从太史，数学师从隐士。因此，从小就受到了良好的教育，为后来成为中世纪大数学家奠定了坚实的基础。宝庆年间（公元 1225～1227）跟随父亲回到四川安岳。稍后秦九韶本人也曾在四川做过县慰官，公元 1236 年北方元兵攻入四川，在兵荒马乱的年代里，不久母亲去世，他就解官在家守孝，大概就在守孝期间，完成了《数学九章》这部巨著。在这本巨著中，论述了高次方程数值解法，其中最重要的，也是最关键的一个重大数学问题——秦九韶程序，利用秦九韶程序就可以求出任意高次方程的根的近似值，而且需要达到什么样的精度，就可以达到什么样的精度，所以后来人们称这种方法为秦九韶法。秦九韶法，在当时的数学界是了不起的成果，直到现在人们求高次方程的近似根，还沿用这种方法。[①]

那么，这与刚刚说过的 5 次以上的高次方程没有一个一般的求根公式，矛不矛盾呢？

一点不矛盾，两者考虑问题、解决问题的方法完全不一样。西方的塔尔塔利亚、卡尔达诺他们的方法，是先得出一个一般的求根公式，以后的使用和求解就方便了，把具体的方程的系数代入公式，一次性解决问题。想法是好的，只不过遇到 5 次以上就没办法了。而这种方法解高次方程的实质，是一种所谓迭代的思想。也就是先估算出一个近似的根，而后根据给的方程和法则得一个迭代公式，将近似根代入公式而得出新的近似值，再代入，再得之，使得这个近似根一步比一步更精确。下面给出一个例子加以说明：

解方程：$x^2 + 4x - 12 = 0$。

解：整理得 $x = \dfrac{12}{x+4}$，这可以写成迭代数列形式 $x_{n+1} = \dfrac{12}{x_n+4}$，如果 $x_0 = 0$，那么 $x_1 = 3$，$x_2 = 1.714\,285\,7\cdots$，$x_3 = 2.1\cdots$，$x_4 = 1.967\,213\,1\cdots$；上面的数列越来越接近 2，2 是数列的极限。所以 $x = 2$ 是方程的一个解。或许有老师对这种解法不以为然，觉得解法太烦，不够严谨，而且才得到一个解，不如因式分解法来得简便。如果你知道迭代法的用处你或许就不这样认为了，如果让你解的不是二次方程而是更高次方程的话。

譬如三次方程：$x^3 + 2x^2 + 10x - 20 = 0$。那么因式分解就无用武之地了（个别三次方程除外），而迭代法仍然有效。我们把方程改写为 $x = \dfrac{20}{x^2 + 2x + 10}$，作迭代数列 $x_{n+1} = \dfrac{20}{x_n^2 + 2x_n + 10}$，取初始值为 $x_0 = 1$，则：

$x_1 = 1.538\,461\,538\cdots$，$x_2 = 1.295\,019\,517\cdots$，$x_{19} = 1.368\,080\,818\,1\cdots$，$x_{20} = 1.368\,080\,807\,5\cdots$。

---

① 晏能中. 一个数学问题的解决造就三个伟大的数学家. 达县师范高等专科学校学报：综合版，2001，11（4）.

由此可以看到 1.368 080 80 是方程的一个近似解（非常近似，和精确解的误差不超过10^{-6}）。

更进一步，如果方程不是多项式方程，因式分解就更用不上，但迭代法仍然可以使用。

实际上在上述例子中，我们第一步都是把方程改写成 $x = f(x)$ 的形式，然后求解 $x = f(x)$，在数学上我们把满足 $x = f(x)$ 的解称为 f 的不动点。关于不动点及不动点定理的重要性我们前面已经论述过，实际上迭代法就是求不动点的一种方法。[①] 迭代法是现代计算方程根的一种主要方法，因为根据迭代的公式，很容易编成程序，上计算机运算。我国用来解高次方程的那种"开方术"，就和 600 年后牛顿迭代法是完全一样的。

---

① 俞渭贤. 数学演义. 北京：华语教学出版社，1995.